飛躍するチャイナ・イノベーション

中国ビジネス成功のアイデア10

China Innovation

藤村幸義・雷 海涛［編著］
日本日中関係学会［協力］

中央経済社

はじめに

世界に衝撃を与える「チャイナ・イノベーション」

　「チャイナ・イノベーション」が世界に大きな衝撃を与えている。とにかく中国の変化は激しい。インターネットや人工知能をベースとする革新的なサービスが次々と誕生している。北京など大都市では1年も経たないうちに，シェア自転車やフードデリバリーが街を行き来するようになり，スマホなしでは，レストランやタクシーの支払いもできないくらいである。中国指導部が大々的に展開している広域経済圏構想「一帯一路」でも，その成果を最大限に活かそうとしている。

　目覚ましい勢いの「チャイナ・イノベーション」にまず危機感を抱いたのが米国だった。昨年来，米中経済戦争は激しさを増すばかりである。米国が最大の標的にしているのが「チャイナ・イノベーション」であるのは明らかだ。だが，グローバル化の進展で，各国間の経済的な結びつきは想像以上に深まっており，それを無視して争いを続ければ，世界経済に甚大な影響を与えかねない。

日本は，今こそ「決断」のときだ

　こうした中で，日本はどのように対応しようとしているか。2018年10月に安倍晋三首相が訪中し，長い間ぎくしゃくしていた関係が変わってきた。経済面でもいくつかのプロジェクトが動き出した。日中は長期の停滞を経て，「新局面」に入ってきたのは確かである。

　だが，日本が「チャイナ・イノベーション」にどれだけ機敏に反応しているかと言えば，首をかしげざるを得ない。日本企業の多くは，日本の圧倒的に優れた技術をもってすれば，特段の努力をしなくてもやっていけると，今でも思っている。実際には，日本の存在感は目に見えて低下し，新しい流れに決定的な遅れを取っているのが現状なのである。

「チャイナ・イノベーション」の中心地となっている深圳(シンセン)では,中国各地,いや世界からやる気に満ちた優れた若手人材が集結し,新技術が続々と生み出されている。それを聞いて,日本から多くの視察団が現地を訪れるようになった。新聞には4泊5日で70万円とか90万円といった高額の視察ツアーの案内が掲載される。視察団のブーム到来である。

ところが,現地では「また来たか」,といまやあきれ顔だ。視察団は深圳の沸騰ぶりに大いに驚き,帰国してから分厚い報告書を上司に提出する。しかしそれが次の戦略とかビジネスにつながるケースは少ない。日本は相変わらず「良いものをつくれば売れる」と信じ,変化に対応した動きを取ろうとしない。変わろうとしないのだ。

本書では,「チャイナ・イノベーション」時代に突入した「新局面」において,日本が存在感を示し,日本再生のきっかけを掴んでいくには,「対中観」のコペルニクス的転回が必要だ,ということを強く主張したい。今こそ「決断」の時期なのである。

「変わらない日本」,存在感は薄れる一方

中国が1970年代末に改革・開放政策を打ち出し,経済発展を遂げていく中で,日本の果たした役割は極めて大きかった。総額3兆円を上回る政府開発援助(ODA)の提供がなければ,中国のここまでの発展はなかったに違いない。また,貿易・投資の面からも日本は中国の「モノづくり」に貢献してきた。中国でのカラーテレビ生産は,日本企業の現地生産からスタートした。また宝山製鉄での高炉建設への技術協力なしには,中国の鉄鋼産業の今のような隆盛もなかったであろう。

だが,中国側のキャッチアップは思いのほか早く,多くの業種で中国製品が日本など外資系を圧倒し,支配的なシェアを握るようになる。日本は核心となる部品の現地生産や輸出を増やすことで,なんとか活路を見出しているが,それでも中国における日本の存在感は,1990年代のピークから薄れる一方である。かつて中国の最高指導者だった鄧小平氏が訪日した際には,「日

本から多くのことを学びたい」と語ったものだが，今では会議の席上で中国人から「いまや『変わらない日本』から学ぶことはなくなった」などと言われてしまう。

深圳でスマホのメーカーを視察した時のことだった。相手側の経営陣がずらりと勢ぞろいして，双方の質疑応答が始まった。すると，まず先方のCOO（最高執行責任者）が口火を切った。「我々にとって輝くような存在で，憧れの存在であった日本企業がどうしてこのように短期間で衰えてしまったのか，その原因をどうしても知りたい」。

正直言って日本側はいきなりの単刀直入な質問にたじろいでしまった。日本企業が知的所有権の保護に執着し，自らの革新を怠っているうちに，中国はここまできてしまったのか，と。

"上から目線"から抜け切れない日本

中国ビジネスの環境が激変しているにもかかわらず，日本企業の多くは，かつて優位性を持っていた1990年代の対中ビジネス観から抜け切れていない。中国への"上から目線"も変えようとしない。現地化の必要性が叫ばれながらも，多くの企業は本社優位の体制を変えようとせず，旧態依然のままである。

中国の発展に伴って，市場でのビジネスチャンスの在りどころも刻々，変化している。にもかかわらず，本社には変化に対応してリーダーシップを発揮できる経営者，責任者が少ない。現地が改革案を出しても，本社が握りつぶしてしまう。日本を覆う嫌中の雰囲気にのみ込まれ，ますますチャンスを逃すことになる。

中国市場を抜きにして，日本の将来像は描きにくい

中国のやり方にさまざまな問題点があることは確かである。問題点を覆い隠してはいけない。しっかりと問題点を指摘し，中国に改善を促すのは不可欠である。

しかし，東京オリンピックの後の内需落ち込みを考えると，ますます巨大化していく中国市場を抜きにして，日本の将来像は描きにくい。日本の産業界，経済界が今なすべきこと，考えるべきことは，いかにすれば巨大化していく中国市場で，日本が新たなビジネスチャンスを見出していくか，ということではなかろうか。

　深圳を中心に巻き起こっているITやネットを中心とした「チャイナ・イノベーション」の嵐。その成果を日本が黙って指をくわえて見ているだけでは，ますます遅れを取ってしまう。なんとかその成果を日本にも取り入れ，新たなビジネスチャンスを生み出すという発想の転換が必要だろう。

　日本には広域経済圏構想「一帯一路」への拒絶感がいまだに根強い。確かに同構想には，中国の世界制覇という政治・軍事戦略が見え隠れする。各地で展開しているプロジェクトのリスクも大きい。だがこの戦略はそうしたマイナスの面だけではない。「一帯一路」沿線の巨大なエリアを対象にした数多くのプロジェクト，そして途方もないくらいの大規模資金の投入，これに日本が何も関与しないとしたら，結果的に日本に大きな国家的マイナスをもたらすだろう。

まずは現場をよく見るべきだ

　本書ではまず，「チャイナ・イノベーション」の最前線である深圳の現状把握や，中国が大々的に進めている「一帯一路」の分析を行い，何が変わってきたのか，どこにビジネスチャンスが生まれているのかを突き止めていきたい。そして日本のトップ経営者や若手ビジネスマンなどからの幅広い意見聴取を通じて，「新局面の中国ビジネス」に対応するために，日本が何を変えなければならないか，何をすればよいのか，具体的な行動方針を明確にし，「10のアイデア」の形でまとめていきたい。

　本書は日本日中関係学会（会長：宮本雄二元中国大使）の中に設けられている「中国ビジネス事情研究会」（主幹事：平沢健一）での議論をベースに

した。「中国ビジネス事情研究会」は，中国のビジネス事情について，党派やイデオロギーにこだわることなく，オープンで自由活発な研究を行い，議論を深めていくことを目的に，2014年秋に発足した。これまでに20回を超える研究会を通じて，日中ビジネスが今直面している諸課題が何かを探り，解決に向けての道筋を考えてきた。

　本書執筆に際しては，以下の6人のメンバーが材料集めに奔走し，何度も集まって討論を重ねた。そしてできあがった原稿やメモを最終的に藤村幸義と雷海涛が中心となってまとめた。

藤村　幸義	拓殖大学名誉教授，元日本経済新聞論説委員
雷　　海涛	桜美林大学教授，元東芝中国室長
平沢　健一	G&Cビジネス代表，アジア立志塾代表，元日本ビクター理事
江越　　眞	監査法人アヴァンティアシニアアドバイザー，元監査法人トーマツ代表参与
菅野真一郎	東京国際大学客員教授，元日本興業銀行取締役中国委員会委員長
小山　雅久	三菱商事地域総括部グローバル調査チーム

　最後に，本書の出版にあたり，執筆にご協力いただいた各社のトップ経営者や経営幹部の皆様，そして若手ビジネスマンの皆様に感謝の気持ちを表したい。また，中央経済社学術書編集部の阪井あゆみ氏に一方ならぬお世話になったことに，厚くお礼を申し上げたい。

2019年3月

藤村　幸義

目　次

はじめに　1

Ⅰ　変わる中国

1　沸騰する深圳：「チャイナ・イノベーション」の最前線を見る ─── 1

（1）深圳の発展段階　1
（2）ベンチャー支援の仕組み　8
（3）成長したベンチャー企業　17
（4）深圳のこれからの課題　28

2　動き出した「一帯一路」：巨額の資金投入 ─── 33

（1）資金の出所　34
（2）チャンスとリスク　38

Ⅱ　変わらない日本

1　中国ビジネスの現場にも異変 ─── 47

（1）現地と本社の間に気まずい雰囲気　47
（2）抜け落ちた「グローバル」視点　49

2 日系企業はなぜ撤退したか ─────── 53

（1）6社の撤退事例　53
（2）撤退理由の分析　58

3 携帯電話に見る敗退の要因 ─────── 60

4 進出日本企業はEV時代を乗り越えられるか ── 69

（1）自動車産業を取り囲む環境　69
（2）中国の取組み　70
（3）外資自動車メーカーの動き　74

5 日本的経営の再考 ─────── 75

（1）現地の中国人人材をどのように活用するか　75
（2）現地化を徹底するか，本社のコントロールを維持するか　80
（3）意思決定と実行までの過程とスピード　83

Ⅲ　新局面の中国ビジネス：ヒントを探る

1　トップ経営者に聞く ——————————— 85

（1）川名浩一（日揮株式会社副会長）　85
（2）大谷裕明（YKK株式会社代表取締役社長）　94
（3）厳浩（EPSホールディングス代表取締役会長）　102
（4）小澤秀樹（キヤノン株式会社副社長，キヤノン中国有限公司
　　　社長）　111

2　チャンスをつかんだ日本企業 ——————— 119

（1）東レ：「付加価値の高い汎用品」で差別化図る　119
（2）資生堂：「消費者のレベルアップ」に着目　125
（3）ダイキン：業務用エアコンにターゲットを絞り込む　130
（4）森松工業：「事業は人なり」を実践　132

3　若手ビジネスマンに聞く ———————————— 137

（1）日中ビジネスの違い　139
（2）日中がそれぞれ改めるべき点　142
（3）日本の優位性は何か　147

Ⅳ 新局面の中国ビジネス：10のアイデア

1 現場をこの目で見て,「対中観」の再点検を ―― 155

2 今こそ「米国追従」からの脱却を ―― 162

3 社長が先頭に立ってリーダーシップを発揮 ―― 167

4 日本の若者よ,リスクを恐れず立ち上がれ ―― 171

5 形式にこだわらない新たな日中交流のパイプを ―― 176

6 日本は「消費者ニーズ」にもっと敏感に ―― 180

7 小粒でもピリリと辛い「日本のシリコンバレー」を作ろう ―― 187

8 イノベーション都市・深圳で,現地発の商品を開発しよう ―― 193

| 9 | よりグローバルに「第三国ビジネス」を見つけ出そう —— 196 |
| 10 | 「一帯一路」にも協力のチャンスはある —— 200 |

おわりに　211

I 変わる中国

1 沸騰する深圳：「チャイナ・イノベーション」の最前線を見る

(1) 深圳の発展段階

中国ビジネスの大ベテラン，深圳を見て驚く

　中国の深圳（広東省）が，いまや北京の中関村[1]をしのぐほどのハイテク・イノベーションセンターとして目覚ましい発展を遂げている。中国の対外開放の窓口だった深圳については，「もう何度も訪問したことがあるよ」という日本人も多いかもしれない。しかし，深圳はこの数年，さらに変化のスピードをアップし，日々刻々と変化している。この数年の変化を知らなければ，深圳を知ったとは言えないのだ。

　日本日中関係学会の中国ビジネス事情研究会では，日中ビジネスが今直面している諸課題を議論しているのだが，最近の深圳を見なければ議論が進まないということになり，8人からなる深圳視察団の派遣を決めた。メンバーはいずれも数十年にわたって中国ビジネスなどに関わってきたベテラン揃いなのだが，どのメンバーもこの数年の深圳は見ていない。実際に現場を見て，

1　北京の西北郊にある地区名。レノボをはじめ多数のIT企業や研究所が集積しているため，「中国のシリコンバレー」と呼ばれてきた。北京大学，清華大学など中国きっての名門大学も近くにある。もっとも最近は深圳の発展が目覚ましいので，「北のシリコンバレー」と言われることが多くなっている。

図表 I-1　深圳の位置

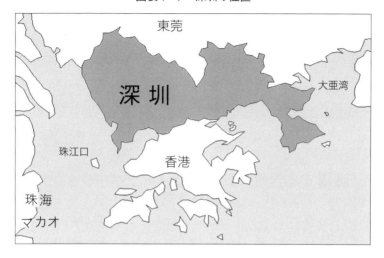

そのあまりの変貌ぶりに，全員が驚きの声を上げた。

若い，熱い，速い

　まず，深圳は若い。深圳の街を歩いていると，20代，30代の人たちばかりで50代以上はほとんど見かけない。深圳市人口の平均年齢は何と33歳。日本の平均年齢は46歳なので，我々が深圳は若いと感じたとしても不思議ではない。深圳市はまだ人口ボーナスの恩恵を受けている真っ最中なのだ。

　深圳テレビ局を訪ねて，番組制作や編集の現場を見せてもらった（図表 I-3）。現場で働いているのは全員30代以下だ。3交代シフト制で，昼夜問わず番組制作に励んでいる。スタジオセットは従来の舞台スタイルではない。ほとんどがCG^2を使っていて，後に収録した人物（キャスターや出演者）と合成して番組を作り出す。コストが安くなるし，多様で変更が簡単などの利

2　コンピュータ・グラフィックスの略で，コンピュータを使って描いた画像や映像のこと。

図表 I-2 深圳市内のオフィス街　　図表 I-3 深圳テレビ局の番組編集現場

出所：筆者撮影　　　　　　　　　　出所：筆者撮影

点があるが，IT手法やツールが不得意の年代層では操作はとても難しいだろう。

　次に，深圳は熱い。これは気候のことではない。深圳はもともと小さな漁村だったが，改革開放の大波に乗って，中国の最先端の都市として走り続けてきた。ほぼ全員が外来の人々で，しかも若者が中心だ。伝統観念やしがらみを持たず，前向きで，チャレンジ精神・ハングリー精神が旺盛である。これが深圳の文化を醸成してきた。そういう「熱さ」は中国の他の都市に比べて格段に強い。深圳でよく聞く言葉の1つが「来了就是深圳人」（来れば深圳人）というもので，排外意識はほとんど持っていない。これは深圳のコア・コンピタンス[3]なのだ。

　第三に，深圳は速い。若くて熱ければ，速くなるのは当然だ。「ドッグ・イヤー」「マウス・イヤー」という言葉がある。犬やねずみは人間に比べて成長が速いので，技術革新など変化の速いことのたとえとなっている。深圳のスピードは，まさに「ドッグ・イヤー」「マウス・イヤー」のテンポである。

3　コア・コンピタンス（Core competence）とは，圧倒的に上回る能力を持ち，競合他社に真似できないような企業の中核となる強みのこと。

1980年8月に「深圳経済特区」を創設

　筆者が深圳を最初に訪れたのは1976年，今から40年余り前である。広州交易会（正式名称は中国輸出入商品交易会。年2回開催）の取材のために香港

図表 I-4　1970年代の深圳駅周辺

出所：深圳駅プラットフォームから筆者撮影（1976年）

図表 I-5　現在の深圳駅周辺

出所：筆者撮影

からまず羅湖まで列車で行き,そこで降りて「黒い鉄橋」を歩いて渡って,深圳側に入っていった。当時の深圳駅周辺はのどかな田園風景だった。くつろいだ気分で,たっぷり時間を取って昼食・休憩をしてから,再び列車に乗って広州に向かった(図表Ⅰ-4,図表Ⅰ-5)。

　発展が始まったのは,1980年8月に深圳が中国初の経済特区となってからだ。香港はまだイギリスの植民地だったが,その香港に隣接する地理的重要性から,深圳市を広東省直轄市に昇格させ,経済特区として指定したのだ(1981年には,さらに副省級市に昇格)。2018年8月26日は,ちょうど「深圳経済特区」の創立から38周年になる。我々が現地入りした前日に,記念のセレモニーが行われていた。

図表Ⅰ-6　深圳の経済発展段階

発展以前	～1978年	改革開放以前	人口3万人の漁村
第一段階	1979～2000年	労働集約型の産業が発展 労働者賃金はほとんど上がらず	1980年に「経済特区」発足 外部から出稼ぎ労働者が大量に流入
第二段階	2001～2010年	産業のグレードアップが進む 付加価値向上,産業高度化の進展	賃上げ・労働条件改善の動きが顕著に 広東省の汪洋書記が「騰籠換鳥」(鳥籠を変えず,その中の鳥を取り換えることのたとえ)戦略を打ち出す
第三段階	2011年～	技術開発・起業の一大拠点に	李克強首相が「大衆創業・万衆創新」(大衆による創業,万人によるイノベーション)を呼びかけ,深圳市も「戦略新興産業」を打ち出す 5G,AI,医療,バイオ,ライフサイエンス,ロボット,電気自動車,ウェアラブル端末,ドローンなどが発展

経済特区の創設を決めたのは，当時の最高指導者・鄧小平である。今でも深圳市の中心部には大きな鄧小平の看板が立っており，そこには「堅持党的基本路線　一百年不動揺」（党の基本路線を堅持し，百年経っても揺るぎない）の言葉が書かれている。だが鄧小平に経済特区の創設を進言したのは，今の習近平国家主席の父親である習仲勲（当時，広東省党委員会第1書記）だったことを忘れてはなるまい。

　深圳は「経済特区」に与えられる税の優遇措置や低賃金を武器に，労働集約型の産業を発展させていった。外部から豊富な労働力が大量に流入してきたので，賃金はほぼ一定水準に抑えられた。このため多くの外資も流入してくる。これが深圳発展の第一段階である（図表Ⅰ-6）。

　中国が世界貿易機関（WTO）に加盟したのが2001年。その後は付加価値向上，産業の高度化が叫ばれ，賃上げも行われていく。深圳の発展は第二段階に入った。

　さらに2010年代に入ると，イノベーションの拠点として新たな発展を遂げる。深圳発展の第三段階である。スマホ，電気自動車，ロボット，ドローンなど新興産業が台頭してくる。ファーウェイ，テンセント，BYD，DJI，OPPOなど世界的に名の知れた大型企業も続々と誕生してくる。

　こう見てくると，イノベーション都市としての深圳の発展は，今突然に起こったことではない。発展の第一段階，第二段階があってこそ，今の第三段階がある。そこには，深圳が育んできた「製造業のDNA」のようなものが感じられる。

平均年齢33歳という若さがイノベーションの原動力に

　これまでの発展を2つのグラフで見ておこう。これらのグラフを見ると，深圳市の40年近い発展がいかに驚異的だったかがわかる。

　まず人口の推移（図表Ⅰ-7）だが，1980年に「経済特区」の産声を上げたとき，深圳市の人口（常駐人口）はわずか33.3万人でしかなかった。ところが2016年には1,190.8万人になり，36年間でなんと36倍にも増えた。増えた

図表Ⅰ-7　深圳市の人口推移（1980～2016年）

出所：深圳市統計局「深圳統計年鑑2017」

　人口のほとんどは，深圳市の外から流入してきた外来人口である。その一部は深圳市の戸籍を取得しているが，多くはまだ非深圳戸籍のままである。常駐人口を見ると，戸籍取得者と非戸籍者の割合はおよそ3対7となっている。

　このため，中国の都市の中では飛び抜けて開放的な都市である。北京や上海など歴史のある街は伝統や文化，固有のライフスタイルを持っているが，深圳はまだ40年未満の「ヤング・シティ」なのである。

　深圳市の陳如桂市長は2018年初めの記者会見で，深圳の人口はすでに2,000万人を超えたが，平均年齢はまだ33歳であると述べた[4]。深圳市はまだ人口ボーナスを享受している段階で，これがイノベーションを促進する最大の原動力となっている。

　次に，GDPの推移を見てみよう（図表Ⅰ-8）。36年の間に，7,000倍にも伸びた。驚異的というより，奇跡的というべきではないか。1980年に経済特区の第一号となった当時，深圳には技術の資源や蓄積がなかっただけでなく，大学も研究所も皆無の状態で，言ってみればゼロからのスタートだった。こ

---

[4] 常住人口は2016年で約1,190万人だが，短期間で出入りしている人口（流動人口）を含めると2,000万人を超える。

図表Ⅰ-8　深圳市のGDP推移（1980～2016年）

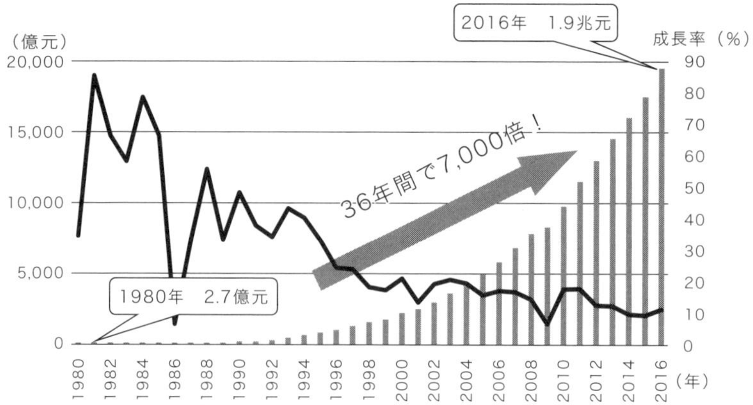

2016年　1.9兆元
36年間で7,000倍！
1980年　2.7億元

出所：深圳市統計局「深圳統計年鑑2017」

の20年の成長を見ても、リーマン・ショック直後の2009年を除いて、ほぼ一貫して10％台以上の成長率を遂げてきた。

（2）ベンチャー支援の仕組み

ベンチャー企業の発展段階に応じてさまざまに支援

　深圳がイノベーション都市として、ここまで発展してきた理由は何であろうか。若さや熱さだけではここまで発展することは難しい。このほかに、さまざまなベンチャー企業支援の仕組みが整っていたからではなかろうか（図表Ⅰ-9）。

　まずは部品の供給である。深圳発展の第一段階、第二段階では、深圳およびその周辺の東莞や中山などに数多くの製造業が集積し、海外にも多くの製品を輸出してきた。いまや労働賃金の高騰などで、かつてのような勢いはないが、それでもイノベーション都市・深圳への部品供給という新たな役割を担うには十分な力を持っている。

　深圳市中心部には、「華強北」という東京・秋葉原の30倍の規模とも言われる部品供給マーケットがある。パソコンやスマホに限らず、さまざまな電

図表 I-9　ベンチャー企業支援の仕組み

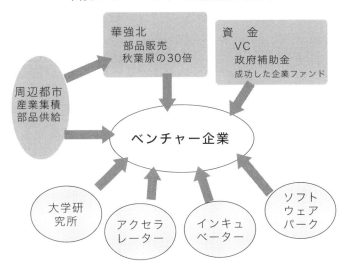

子製品にも欠かせない部品をカバーしており，ベンチャー企業はこのマーケットから部品を購入して技術を製品化していく。

　さらにベンチャー企業の発展段階に応じて「アクセラレーター」「インキュベーター」「ソフトウェアパーク」といった支援の仕組みがある。清華大学深圳研究生院（同校の深圳分校で，大学院大学）など大学の研究施設も，充実している。

　ここに特筆したいのは，清華大学深圳研究生院の役割である。同分校の設立は2001年で，当時の深圳市書記だった張高麗氏（後に政治局常務委員）が清華大学の王大中学長に懇請して実現したものである。

　現在は7学部と1研究院（生命と健康，エネルギーと環境，情報科学と技術，物流と交通，先端製造，海洋科学と技術，社会科学と管理，病院管理研究院）から構成されており，深圳市の産業発展に合わせて，人材育成と研究成果の実用化の両面での取組みを行っている。これまで累計1万1,000人（修士1万人，博士1,000人）を育成した。2018年8月現在の在校生は3,027人（修士2,683人，博士344人）で，教師は150人の規模になっている。

イノベーション，成果の実用化では，創業・創新，企業へのインターン，国際化などを積極的に推進しているほか，深圳市政府から手厚く創業資金を獲得している。たとえば，十大双創基地[5]の認定で6,000万元（約9億9,000万円），エンゼル投資で2,000万元（約3億3,000万円）などである。

設立以来の17年間に，特許出願1,000件超のほか，インキュベーション機能として多数のプログラム（iSpaceなど）を展開している。技術移転売上は2017年に2,000万元で，2018年には1億元（約16億5,000万円）を目標としており，イノベーション最前線の深圳ならではの役割を果たしている。

豊富なベンチャー支援の資金供給

もう1つ，決定的に重要なのが，豊富な資金供給である。そのルートは①ベンチャーキャピタル（VC），②中央政府・地方政府からの補助金，③成功したベンチャー企業からの投資資金，に大別されよう。

2017年の中国のベンチャーキャピタルは，日本円換算で約4兆5,000億円。米国の9兆4,000万円に比べれば半分だが，日本の約2,700億円の17倍という規模である。今の勢いからすれば，数年後には米国を抜く可能性もある。うち深圳は2〜3割を占めている。つまり深圳だけでも，日本の数倍の規模なのだ。

政府補助金で特筆すべきは深圳市の潤沢な財政資金である。とにかく人口の平均年齢が若いので，社会保障に多くの資金を振り向けないで済む。しかも成功したベンチャー企業からの税収も増えている。市政府は起業補助金の制度を設け，中には5,000万元（約8億2,500万円）超というケースもあるという。海外在住の大学教授は，帰ってくるだけで200万元（約3,300万円）を研究費として支給される。

現地の日本関係者によると，深圳には今，さまざまなOEM企業が50万社，

---

5 双創とは，「大衆創業・万衆創新」（大衆による起業および万人によるイノベーション）の略語。

著名なベンチャーキャピタルが100社,アクセラレーター（スタートアップ支援）が400社あるという。

ベンチャー企業は4段階に分かれる

　ベンチャー企業はA,B,C,Dの4段階に分かれる（図表Ⅰ-10）。生まれたてのベンチャー企業はまだランクには入らない。融資を受けられるようになると「A」,製品販売を始めると「B」,利益を上げられるようになると「C」,そして上場が近くなると「D」になる。言うまでもなく,「B」「C」と段階が上がっていけば,より多額の資金供給を受けられる。「D」を卒業すると,いずれは「ユニコーン」企業（評価額が10億ドル以上で,非上場のベンチャー企業）となる道も見えてくる。

　「D」を卒業していった代表的な企業は,以下のとおりである。中国内にとどまらず,世界的なブランドを築き上げ,グローバル市場に進出している。

　　★通信・スマホ：ファーウェイ,ZTE,OPPO,vivo
　　★インターネット・SNS：テンセント
　　★自動車・車載リチウム電池：BYD
　　★ドローン：DJI
　　★液晶パネル：CSOT（華星光電）

図表Ⅰ-10　ベンチャー企業の区分

A以前＝生まれたて	A＝融資受ける	B＝製品販売	C＝利益上げる	D＝上場近い	ユニコーン企業に

電子部品の卸市場「華強北」は秋葉原の30倍規模

　我々が視察したベンチャー支援や起業の環境を紹介していきたい。まずは巨大な電子部品の卸市場「華強北」である（図表Ⅰ-11）。ここの発展ぶりを説明するとともに，北京の中関村とも比較して考察したい。

　華強北の最大の特徴は，電子部品の集積地になった点だ。あらゆる電子機器に組み込まれる部品（パーツ）を供給している。深圳地区にはフォックスコンはじめ，電機，電子，事務機器などの製造工場が多数存在していて，関連部品のサプライチェーン[6]が構築されている。サプライチェーンの完成度，成熟度はともに極めて高いレベルになっている。華強北はそのサプライチェーンの「窓口」機能を果たしており，世界中からバイヤーがひっきりなしに訪れてくる。

　一方，北京の中関村電気街（PCショップ街と言ったほうが的確）はどうかというと，パソコンおよび周辺装置のショップを中心としている。ところが既存のPCショップは多くが潰れてしまった。その要因は，①世界的な趨

図表Ⅰ-11　電子部品卸の「華強北」

出所：筆者撮影

6　原材料・部品の調達から，製造，在庫管理，販売，配送までの製品の全体的な流れが，それぞれ別個にあるのではなく，鎖としてつながっていること。

勢：スマホの隆盛により，パソコンの売れ行きが激減，②中国特有の事情：eコマースの急成長により，実店舗スタイルのPCショップは大きなダメージを受けた，③中関村電気街は，PCショップがほとんどで，パソコンへの依存度が高い，などである。

もっとも，中関村はもうダメだというのは早計だ。周知のように，中関村というエリア（北京北西の海淀区の一角）は電気街だけではない。清華大学，北京大学はじめ多数のトップ大学，中国科学院（政府系研究機関，傘下研究所の多くは中関村にある），さらにはレノボ（Lenovo），バイドゥ（Baidu），シャオミ（Xiaomi）などのIT大手もある。ベンチャー，スタートアップが入居するサイエンスパークも多く整備されている。

ベンチャー創業のためのシェアオフィス

次に，深圳市の南山区にあるインキュベーター，つまりベンチャー創業のためにシェアオフィスを運営する事業者，「科技寺」（Tech Temple）を訪問した。

「科技寺」は深圳中心部にあるテナントビルの2フロアを確保して，ス

図表 I-12　南山ソフトウェアパークの街並み

出所：筆者撮影

図表Ⅰ-13　スタートアップ企業が入居するフロア

出所：筆者撮影

タートアップ企業に貸し出している。賃料は1人につき月1,500元（約2万5,000円）で，オープンエリアの机1つ分のスペースだ。写真（図表Ⅰ-13）のように，他社と隣り合わせの配置となっていて，頭上にある看板によって社名を判別できる。また，1,500元の賃料には，高速無線WiFi，飲用水，印刷代，会議室と休憩エリアの利用代などが含まれる。他方，有料サービスとしては，人事，経理，法務などジェネラル・スタッフ機能から，PR，広報，政府関係，補助金申請の手続きまでの支援がある。1人でゼロからのスタートでも，このような格安の「貸しオフィス」で起業できるのだ。

「科技寺」は全国に8カ所（北京，上海，杭州など）を展開しており，近い将来アメリカ，日本にも進出したいとのことだった。「創業即修行」というスローガンを掲げ，ベンチャー創業エコシステム[7]の構築を目標としている。

先ほどのベンチャー発展の図式で言えば，「科技寺」に入居している企業はまだ「A」以前の段階である。うまくいけば，最初のビジネス提案（事業企画書に相当）をまとめ，最初のエンゼル投資[8]を取り付けることができよ

---

[7] 多くのプレーヤーが自分たちの得意とする領域の技術やノウハウ，知見を持ち寄り，協業によってイノベーションを起こしていく戦略のこと。
[8] 創業間もない企業に対する個人富裕層からの投資のこと。通常は個人富裕層だが，会社の場合もある。

う。ここで「A」段階に入る。

次のステップは、人を雇って商品開発を進めることだ。さらに開発した商品を市場投入することになれば、より大規模な投資を受ける可能性が出てくる。「B」「C」段階である。

さらに、ビジネスを軌道に乗せ、安定した収益を確保することになれば、数百〜数千億円規模の投資も受けられるようになり、株式上場（IPO）が見えてくる。「D」段階である。だが、スタートアップから上場までたどり着けるのは18万社に1社、宝くじの当選とほぼ同じ確率だ。

ユニコーン企業の卵、UBTECH

今宝くじの当選番号を引き当てようとしているのが、ユニコーン企業の卵と言われるUBTECH社である（図表Ⅰ-14）。

2010年、中国初のヒューマノイドロボット（自律型ロボット[9]、俗称「人形ロボット」）の企業として設立された。創業者の周剣は上海出身で、大学卒業後の数年間はドイツ系機械メーカーの中国現地法人に在籍し、2007年に

図表Ⅰ-14　UBTECH社の自律型ロボット

出所：筆者撮影

---

[9] 作業命令を与えられると、その行動を自分で計画し、かつ状況を判断して作業を実行することのできるロボットをいう。

UBTECHの前身「優必選（中国）有限公司」を設立した。

　周剣は最初の段階から自律型ロボットの開発を目的とし，一般消費者も買えるような商品を作ろうとした。しかし，当時は最も重要なキー部品であるサーボモータ[10]を輸入に依存しており，単価も80ドル超と高かった。1台のロボットには16～17個のサーボモータを装着することから，できあがる商品は大変高価なものになってしまう。

　そこで周剣はサーボモータの自社開発を決め，2008年から4年をかけて遂に自社製のサーボモータを完成し，UBTECH製ロボットの第一号「Alpha 1」を市場に投入した。同社の自律型ロボットの主な用途は，娯楽（ホビー），教育（簡単なプログラムを作ってロボットを動かす），および防災やセキュリティなどである。「Alpha 1」は2012年に発売して以来，高い伸び率で売上を拡大していった（図表Ⅰ-15）。

　最近は，テンセント，中国工商銀行，ハイアールなど著名企業十数社から資金提供を受けている。これらの投資家は単純投資ではなく，UBTECH社製のロボットを使って商品化する目的を持っている。すなわち，ある機能ま

図表Ⅰ-15　UBTECH社の売上高，資金調達，および企業価値の推移

	2013年	2014年	2015年	2016年	2017年	2018年
売上高		200万元	5,000万元	3億元	10億元	20億元（見込）
融資	エンゼル投資 2,000万元		「A」段階投資 1,900万ドル	「B」段階投資 1億ドル		「C」段階投資 8.2億ドル
企業価値	1億ドル		3億ドル	10億ドル		50億ドル

出所：ITメディア「極客公園」関連報道に基づいて筆者整理

10　指示した位置や速度にすばやく追従させる制御を行う小型モータで，ロボットの関節機能を果たす。

たはサービスを実現することが投資条件となっている。

一方，同社の提携パートナーには，上記国内企業のほか，アップル，アマゾン，ディズニーなど世界的大企業もある。今後，ロボットとそれを動かすソフトをあわせて，人形ロボットのプラットフォーム[11]を構築する戦略で，スマホのシャオミやドローンのDJIのような中国発の世界に広がるブランドを目指す意気込みだ。

（3）成長したベンチャー企業

今回の深圳視察では，前記ベンチャー企業のほか，すでに大きく成長してきたいくつかの企業も見て回った。ここではこれらの訪問企業を取り上げていきたい。

● BYD（事業：EV，充電池，都市交通）

BYDは1995年，創業者の王伝福がほかの11人と設立した会社である（当初の登録資本金は250万元）。電池事業から始めた。最初はテレビのリモコン用ニッケル乾電池，後に携帯電話やPCのバッテリー（リチウム二次電池），さらに電気自動車用充電池（車載）まで広げていった。今は世界3位の車載電池メーカーとなっている（図表Ⅰ-16）。

---

11 コンピュータにおいて，主にオペレーティングシステムやハードウェアといった基盤技術を言うが，転じてビジネスの場を提供するというビジネスモデルを指す。

図表Ⅰ-16 世界の車載電池大手の出荷量ランキング（2017年）

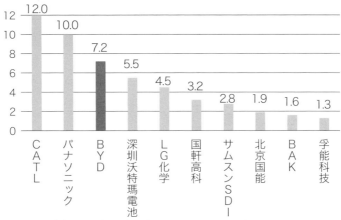

出所：中国調査会社GGII（深圳高工産研コンサルティング）調べ

新エネ車13万台を生産

　自動車への市場参入は2003年である。2億7,000万元（約44億5,500万円）の資金で、西安秦川汽車有限責任公司（国有企業）の株式77％を取得し、自動車製造業に参入した。最初は従来からのガソリンエンジン車だったが、後にプラグインハイブリッド車、さらに純電動自動車（EV）など新エネ車にまで事業を進めていった。特にEV事業では、乗用車、商用車（バス、トラック）を含めたラインナップとなっている。

　2017年の業績は自動車41万台、この中には新エネ車13万台（EV乗用車）、EV商用車2万台が含まれる。新エネ車は2018年にさらに伸びそうだ。1～7月ですでに7.1万台を販売している。深圳市内のタクシーは約9割（2018年末までに全部切り替える予定）、バスはほとんどすべてがBYD製のEV車に切り替わっている。車種名はEV乗用車がe5、e6で、EVバスはK5。EV乗用車の充電時間は約2時間、航続距離は400キロである[12]。

12　航続距離は理想条件下の性能、いわゆる理論値である。

BYDのEV車が日本市場に進出したのは2015年で，最初は京都に5台のEVバス（京都駅～京都女子大間の路線バス，長さ12mの大型車種）を提供。2017年12月には沖縄に10台のEVバス（那覇港～市内の路線バス）を提供した。2018年には，さらに他の都市にも提供予定という。

　一方，他の国・地域では，インド，ネパール，アメリカ，イギリスなどのEV市場に参入している。主にEVバスを売り込んでいる。とりわけインドはかなり人気があり，すでに数百台を受注した。このほかロンドンの名物である2階建ての赤いバス（ダブル・デッカー）も一部，BYD製のEVバスに切り替えられ，2015年に習近平国家主席が訪英した際には，ウィリアム皇太子と一緒に試乗している。

　近年，さらに都市交通であるモノレール事業も展開している。5年をかけて，50億元（約825億円）の開発資金と3,000人の技術人員を動員して，「雲軌」（Skyrail：スカイレール）と呼ばれるモノレールシステムを開発した。2016年10月には，BYD深圳本社の敷地内に約4.4kmのテストコースを設置し，一般公開した（図表Ⅰ-17）。

　同社の紹介によれば，「雲軌」は1時間あたり最大3万人の乗客輸送能力を備え，最高時速は80km/時としている。「雲軌」受注の第一号は寧夏回族自治区銀川市で，ファーウェイと共同して，自動運転のモノレールとして受

図表Ⅰ-17　BYD構内に展示されているEV車（後方はモノレールの試験線）

出所：筆者撮影

注した。今後，中国国内の中小都市や観光スポット，さらに東南アジアにも展開を目指す。

深圳は世界で最もEV車が普及した都市に

　BYD本社を訪問したとき，壁に掲げられていた創業者の言葉，「技術為王，創新為本」が印象的だった（図表Ⅰ-18）。技術を基礎とし，創新（イノベーション）を源とする，という意味で，まさに「技術立社」の体現である。

　BYDの事業展開を見ると，縦のほうではPCや携帯電話など小型端末の充電池から車載，さらに太陽光発電向けの蓄電まで深化している。一方，横展開のほうでは，充電池から自動車，新エネ車，さらに都市交通（モノレール）まで手広く行っている。多角化経営の典型的な事例だが，中国では決して珍しくない。今回の視察でも，深圳企業（あるいは街全体）の転換のはやさが脳裏に強く焼き付けられた。

　深圳の街を歩くと，水色基調で白い帯の付いているタクシーが目に付く。これはすべてBYD製の「e6」というタイプのEV車だ。深圳市政府は近年，「深圳市新エネルギー産業振興発展計画（2009〜2015年）」「深圳市新エネルギー産業振興発展政策」などを相次いで打ち出した。2015年から，市内公共交通であるタクシーとバスに対して，追加と更新では新エネ車の比率が70％

図表Ⅰ-18　BYD創業者の言葉

出所：筆者撮影

以上にするよう義務付けた。BYDは深圳企業という地の利を活かし，同社製のEV車（乗用車，バス）の販売を一気に拡大させた。

深圳市交通運輸委員会の2017年末の数字で見ると，市内のタクシーはすでに1万2,000台超のEV化（同市タクシー全数の60％超）になっており，充電スタンドも3,000本が設置済みである。深圳は世界で最もEV車が普及している都市になっている。

地方保護主義の壁も

こう見てくると，BYDの発展は順風満帆のように思えるが，決して問題がないわけではない。以下はBYD訪問時に，同社のマネージャーと交わした会話の内容だが，ここからも厳しい実態や課題が見えてくる。

【BYD側とのやり取り】

Q1. 市場の状況はどうか？　どんな競争相手がいるか？

A1. 周知のとおり，中国各地では地方保護主義がまだ強い。深圳はBYDの本拠地なのでたくさん使われるが，他の都市ではBYD車の採用率が低い。たとえば，北京では北汽福田，アモイでは金龍汽車という地元企業が優先されてしまう。

Q2. 最近，米中経済戦争が激化しているが，影響はあるか？

A2. 影響はないとは言えない。BYDはアメリカに2工場（注：EVバス）を持っているので，影響を最小限にしようと努力している。

結局のところ，どの国もどの企業も，地方保護主義や貿易保護主義により事業へのマイナス影響が避けられない。BYDが今後，深圳以外の中国，あるいは海外にどれだけ展開していけるか，これが大きな課題となろう。

とりわけ注視すべきは，EV車のグローバル展開である。図表Ⅰ-19に示したように，全社売上の9割近くは中国内にある。PCやスマホ向けの充電池の仕向け先は，ほとんど中国内の工場である。自動車，特にEV車の市場も

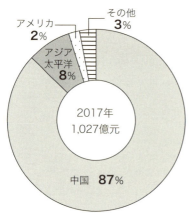

図表Ⅰ-19　BYDの地域別売り上げ

出所：BYDアニュアルレポートより

図表Ⅰ-20　BYDの事業構成

出所：BYDアニュアルレポートより

ほとんどすべて中国内にある。BYD側の説明ではインド，ネパール，欧州，日本などの海外地域に積極的に拡販しているが，まだ少ない。これはEV市場自体がまだ十分に立ち上がっていないこともあるが，前述の貿易保護主義やEV技術の成熟度とも関係している。

● OPPO（事業：スマホ）

OPPOなど中国勢が加わり，スマホ市場は競争激化

スマートフォン（スマホ）は紹介するまでもなく，現代社会の「利器」といわれ，我々の日常生活に欠かせない存在となっている。2007年に米アップル社が初めて市場に投入して以来，その市場規模は右肩上がりの成長を続けてきた（図表Ⅰ-21）。

市場シェアを見ると，各社が近年，熾烈な競争を繰り広げている（図表Ⅰ-22）。2010年代までは，サムスンとアップルの2強という構図だったが，2014年以降，中国勢が猛烈な勢いで追い上げてきた。ファーウェイをはじめ，OPPO，vivo，シャオミが加わり，競争が一気に激化している。図表Ⅰ-23は直近の2018年第2四半期の市場シェア（IDC調査）だが，スマホ出荷量で

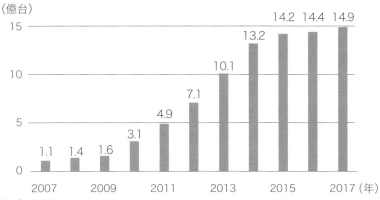

図表 I-21　世界のスマートフォン出荷台数

出所：IHS Technology

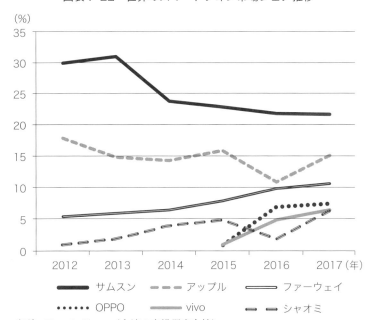

図表 I-22　世界のスマートフォン市場シェア推移

出所：Trend Force（台湾の市場調査会社）

1　沸騰する深圳：「チャイナ・イノベーション」の最前線を見る

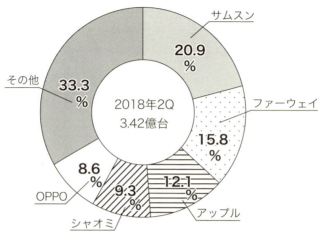

図表I-23　世界のスマートフォン市場シェア（2018年第2四半期）

出所：IDC

　ファーウェイがアップルを抜いて2位に浮上している。四半期ごと，いや月ごとに順位の入れ替えが起きており，競争の激しさを物語っている。
　周知のとおり，今のスマホは携帯電話の第4.5世代（4.5G）にあたる。第3世代以前の携帯電話に比べて，通信速度や記憶容量だけでなく，タッチパネルによる操作性の革新（誰でも簡単に使える），斬新なデザイン（クールさの追求），そして何よりメール，Web検索，後にブレークしたソーシャルメディアやモバイル決済などが加わり，「持ち歩くパソコン」を体現した商品となっている。

OPPOの前身は段永平設立の「歩歩高」

　話をOPPOに戻そう。OPPOの前身は「歩歩高」（ブー・ブー・ガオ，BBK）という家電メーカーだ。BBKは創業者の段永平が1995年，深圳から30kmほど離れた東莞で設立した会社で，最初はVCD（ビデオCDプレーヤー）などを製造していた。段永平は1961年生まれで，1982年に浙江大学（無線通信専門）を卒業した後，最初は北京の国営工場に配属された[13]。

1995年当時はちょうど「下海ブーム」（下海：起業）の真っ最中だった。1992年の鄧小平南巡講話の後，中央政府が企業経営を規制していた400部を超す文書を修正，廃止する。すると，多くの官僚やインテリが私営企業に身を投じ，全国で起業の一大ブームが引き起こされた。段永平もその1人として国営企業を退職し，東莞でBBKを起業した。初期にはVCD，コードレス電話，学生用簡易パソコンなどを展開したが，後にDVDに参入し，中国内のDVD最大手にまでのし上がった。

　2000年以降，段永平はBBKを，教育事業（後のOnePlus），AV事業（後のOPPO），通信事業（後のvivo）に3分割した。段永平はその後第一線から退いて，アメリカに永住した。

　この中でOPPOを引き継いだのが，創業者段永平の右腕の1人，陳明永（浙江大学の後輩）だった。OPPO設立当初は，受け継いだAV製品（DVD，MP3など）の事業だったが，2008年からフィーチャーフォン（第3世代，日本でいう「ガラケー」），2011年にはさらにスマホ事業にまで展開していった。この成長の軌跡を見ると，前出したBYDと似ているところが多い。すなわち，市場ニーズをいち早くキャッチし，事業の再編や転換を短期間に実行する方法である。

　OPPOがスマホ市場に参入したときには，すでに国内外の同業メーカーが数多くあり，正面衝突では絶対勝てない市場（レッド・オーシャン）だった。OPPOは北京や上海などの大都市（中国では「1級都市」と呼ぶ）を避け，地方の3級，4級都市をターゲットとして，中位機種以下のモデルを展開した。また，県や郷（日本の町に相当）などの農村市場にも広告攻勢をかけ，短期間にブランドイメージを作ることができた。さらに海外市場への参入では，東南アジアを最初の攻略ターゲットに定め，これも当たった。

　ちなみに，OPPOというブランド名は会社設立時に，世界中の登録商標を調べた上で，決めた名称だという。OPPOの幹部からは，同社は深圳の企業

13　当時の大卒は皆，国の統一配属により就職した。

だが，最初からグローバルブランドの確立を視野に入れて取り組んできたという紹介があり，非常に印象的だった。直近の2017年IDC統計では，OPPOは中国で2位，世界で4位の市場シェアとなっており，販売台数は1.2億台弱に達している。2015〜2017年は年150％もの伸び率で成長している。

アップル独り勝ちの中で，なんとか利益確保目指す

もっともスマホ市場は次第に飽和しており，OPPO幹部は今後の経営課題として，①人材，②グローバル展開，③ブランド力の向上，④イノベーションへの注力，などを挙げていた。OPPOは，「より健康的，より長寿命の企業」という経営理念を掲げ，単に市場シェアを求めるのではなく，豊かな価値創造に注力していこうとしている。また企業文化としては，外部からの誘惑に負けずに，より堅実に歩む道を目指していくという。社内にはカフェテリア風食堂の他，スポーツジムやヨガ教室などの福利厚生施設も完備されていた（図表Ⅰ-24）。

OPPO幹部との交流では，スマホ市場が飽和状態（ポスト・スマホ）に近づきつつある中で，どのような打つ手があるかと聞いたところ，なかなか厳しい認識が伝わってきた。世界にあるスマホ各社の合計利益は，90％以上がアップルにとられ，まさに独り勝ちの状態。OPPOは以下の取組みで利益確

図表Ⅰ-24　OPPO深圳本社内のカフェテリア（香港湾を一望する眺め）

出所：筆者撮影

保に必死になって取り組んでいくという。

　今後の戦略としては，第一に現在のスマホビジネスという「一本足打法」の経営スタイルから脱却していく。技術面では，第5世代（5G）に向けて，AI，ビッグデータなどを取り入れ，ハードウェア（スマホ端末）とソフトウェア（さまざまなアプリ）の融合により，他社との差別化を図っていくという。

　次に，グローバル展開では，東南アジア，インドをはじめとする南アジア，アジア太平洋（台湾，日本，シンガポールを含む），アフリカと中近東，欧州に展開していく。日本市場には2017年に参入し，これまでSIMフリー（国内モバイルキャリア3社以外の運営事業者）の3機種を投入してきた。

　第三は，ブランド力の向上で，時代に合った商品づくりと，美しさの追求（流行やファッション）である。

　第四に，人材戦略では，世界中から優れた人材を獲得し，多様化を推進する。アメリカのシリコンバレーとイスラエルにはすでに研究所があるが，2018年には日本にも研究所を設立した。

キー部品の対外依存を克服できるか

　周知のとおり，スマホは誕生してから10年以上経った。商品自体はコモディティ化[14]しつつあり，各社の競争が一層激しくなっている。OPPOスマホの差別化としては，前記のように，ハードウェアとソフトウェアの融合を進め，幅広い付加価値（クラウド，ゲームなど）を提供していかねばならない。その例として，美顔技術（フロントカメラの自撮り機能で，顔の画像をもっと白く，綺麗に加工するもの），高速充電（自社開発の高速充電技術）が紹介された。

　2018年8月には，フラッグシップモデル「Find X」を最上位機種という

14　市場参入時に高かった商品の市場価値が低下し，機能や品質面で各社間の差がなくなり，どの会社のものを買っても同じような状態になること。

位置付けで市場投入した。93.8％の画面占有率，オートリフト式のカメラユニットなどの最新機能を満載。さらに顔認識や音声認識（音声アシスタント機能）などを備え付けて，AIスマホとも呼ばれている。

だが自前主義のファーウェイと違って，OPPOはスマホに使われる大多数のキー部品（CPU，液晶パネル，カメラモジュール，メモリなど）を他社に依存している。OPPOオリジナルの割合はそれほど高くない。この点は多くの中国企業にも共通しているが，OPPOも欧米日が過去に経験したように，これから長期間にわたって不断のイノベーションに取り組んで解決していくしか道がないと思われる。

今回の訪問では，OPPOの若手社員と交流する機会にも恵まれた。OPPO側は日本の製造業のみならず，日本の職人気質，「匠」精神，日本特有の美学などにも強い関心を持っており，多数の質問が寄せられた。以下に代表例をいくつか挙げる。

① 日本の発展のボトルネックは何か？　今後どのような状況に陥ると予想するか？　中国はここからどんな経験を得られるか？
② 日本では，多くの伝統的な企業が衰退しているが，背後の原因は技術イノベーションの遅れか，それとも経営管理上の問題か？
③ 日本の「匠」精神は今のモバイル，インターネットの流れやハイスピードに合わないものか？
④ 日本企業の経営では，イノベーションの動機付けや仕組みは何か？

これらの質問からは20代の若者とは思えない，かなり深い問題意識をうかがうことができる。どの質問も簡単に答えることができず，1コマの講義を行ってようやく説明できるほどの内容だった。

（4）深圳のこれからの課題

これまで深圳の発展する姿を紹介してきたが，「凄い」の連発だったので，

「一辺倒」のイメージを与えたかもしれない。だが深圳も例外なく課題を抱えている。いや，課題山積と言ったほうが適切かもしれない。今回の視察は僅か1週間で，断片的な観察が多いが，現地で見聞し，課題と思われた内容を指摘しておきたい。

　まず，マクロ的な視点から言うと，現在進行中の深圳の構造転換がうまくいくかどうか，である。今後数年間が極めて重要ではないかと思う。労働集約型の輸出加工産業から知識集約型のイノベーションへの転換がどこまで進むか。中国流で言えば，「量的目標」の発展から「質的向上」への切り替えである。

　一方，「ヒト・モノ・カネ」という事業遂行の要素から見ると，「ヒト」の面では，すでに述べたとおり，深圳の優位性が高い。平均年齢が若いだけでなく，政府の推進政策や創業のエコシステムが整っているので，全国，さらには世界中から優秀な人材が次々に吸い込まれていく。深圳の「人口ボーナス」（年齢と質の両方）は当分の間，維持できると思われる。

ホット・マネーは熱が上がるのが速い半面，冷めるのも速い

　課題はむしろ「カネ」のほうであろう。ベンチャーキャピタルや投資ファンドはいわゆるホット・マネーで，熱が上がるのが速い半面，冷めるのも速い。経済状況の好不調や，ビジネスの短期視点などにより，資金が一気に引き上げられるリスクは常に付きまとう。

　新しいモノ（商品やサービス）に対する「許容性」をどこまで持てるか，という点も課題になってこよう。前述した公共交通機関のEV化だが，EV自体の成熟度はまだ途上にあり，不具合や事故が少なからず存在する。

　今回深圳でEVタクシーに乗車したとき，運転手からネガティブな話を多く聞かされた。「充電池をたくさん積んでいることから，体に悪影響はないか」「噂では，ある条件下でブレーキが急にきかなくなる」，などだ。また，充電インフラの不足により，EV車を充電するには2時間以上（待ち時間と充電時間を合わせて）かかるという課題もある。完全に解決するには数年か

かる見通しだ。

　このように，深圳市が官民一体で新規事業に果敢に取り組む姿勢は大いに評価されるが，利用者の許容度と忍耐力がどこまであるか。今後の行方は予断が許されない状況だ。

　もう1つ付け加えると，深圳で最も大きいハンディの1つが土地の狭さだ。都市面積は2,000km^{2}弱で，上海の3分の1，広州の4分の1，北京の8分の1しかない。近年，深圳の不動産価格は高騰していることから，全体の物価やコストを押し上げる結果になっている。これにより，「中所得国の罠」[15]に陥るリスクが大きくなっている。

深圳は「粤港澳大湾区」の中心になるか？

　2018年に国務院は「粤港澳大湾区」（広東・香港・マカオ・ビッグベイ）の構想を打ち出した。粤港澳大湾区は香港，マカオの2特別行政区と，広州，深圳など9都市を含み，総面積5万6,500km^{2}で，ニューヨーク，サンフランシスコと東京を足した合計よりも広い。中国の国土面積の0.6%に相当し，国内総生産（GDP）は10兆1,843億元（約168兆円）で，中国全体のGDPの12.57%を占め，貢献度は大きい。

　また，技術開発力を見ると，粤港澳大湾区には著名な外資系企業16社と，ハイテク企業約3万社が軒を連ねている。統計によると，2012年から2016年までの発明特許件数は年々増え続けており，すでにサンフランシスコを上回っている。両地域の差はますます広がるばかりだ。

　粤港澳大湾区には，世界最大の港湾群，空港群と交通網があり，貿易総額や外資導入額，コンテナ取扱量，空港の旅客利用数などは，国際的に見ても

15　自国経済が中所得国のレベルで停滞し，先進国（高所得国）入りがなかなかできない状況を言う。これは，新興国が低賃金の労働力等を原動力として経済成長し，中所得国の仲間入りを果たした後，自国の人件費の上昇や後発新興国の追い上げ，先進国の先端イノベーション（技術力等）の格差などに直面して競争力を失い，経済成長が停滞する現象を指す。

すでに一流レベルに達している。またEU方式を参考に，ベイエリアで経済共同体を作り上げ，ヒト，モノ，カネ，情報などの生産要素が自由に行き来できるようにする。

　今のところ，まだ全体構想の段階にとどまっており，具体化するロードマップは策定中である。これは経済面だけでなく，香港・マカオの位置付けや，深圳の役割のほか，そもそもどこが「センター」になり，どのような統制で管理していくか，どのようにマネージしていくか，課題はたくさんある。今後，具体化構想が明らかになってくれば，これらの課題の答えが見えてこよう。深圳だけの問題にとどまらず，同構想の地域全体がどうなるか，その行方を大いに注目していかねばならない[16]。

米中経済戦争のインパクト

　深圳の課題として，米中経済戦争の問題にも触れておかねばならない。2018年後半以降，日ごとに両国の緊張関係が強まってきており，それには深圳も大きく関わっているからだ。

　トランプ政権の標的は当初，米国の対中貿易の巨額な赤字に向けられ，数度にわたって追加関税を発表した。ところが米側の攻撃はそれだけにとどまらず，最先端のハイテク企業の分野などにまで及んできた。

　2018年春には，まず通信・スマホメーカーの中興通訊（ZTE）が米国か

---

[16] 深圳市中心部から西へ車で1時間ほど走ったところにある「前海自由貿易区」は，「センター」の有力候補の1つと言えよう。面積15km^{2}の広大な土地に国家級プロジェクトとして自由貿易区を建設中だ。すべて埋め立て地で，ビルなどの建設は2013年から始まった。我々が訪問したときには，約100カ所で工事中との説明を受けた。
　深圳は経済特区だが，この自由貿易区は「特区の中の特区」といった位置付けで，深圳の副都心としてコンベンションセンター，病院など広範囲な機能を持つように設計されている。交通も便利で将来は12本の地下鉄が乗り入れるという。香港へは高速鉄道を使えば，わずか15分の至近距離にある。とりわけ注目されるのは「金融エリア」を設け，香港の資金を大々的に集めようとしていることだ。すでに一部の企業が営業を開始している。粤港澳大湾区のほぼ真ん中に位置しているので，いずれはここが「センター」になっていく可能性は十分ある。

らの部品供給をストップされた。ZTEは主要部品を米国に依存していただけに，一時的な生産停止に追い込まれた。これで一段落かと思いきや，2018年12月には，ファーウェイ創業者の娘で，後継者ともみなされていた孟晩舟副会長がカナダで逮捕されるという事件が発生した。ファーウェイは米国から，同社製品（携帯電話の基地局やスマホ）に情報漏洩のリスクがあるとして排除の対象にもされた。

米上下両院が2018年8月に，「2019年度米国防権限法（NDAA2019)」を超党派の賛成で可決したことも，注視しておく必要がある。その中には米政府機関が中国のハイテク企業5社の製品などの調達を禁止する内容が盛り込まれているからだ。この5社のうち3社は深圳の企業，すなわちZTE，ファーウェイ，それにハイテラ（海能達通信）である。

ファーウェイは1987年に創業した通信機器メーカーで，2017年の売上高は9兆9,600億円で海外比率は49％に上った。同社は携帯通信基地局で世界シェア1位（28％），スマホとルータは同2位（ともに15％）など，巨大企業に成長してきた。

また，他のグローバル企業と同様に，世界中から部材を調達している。2017年の実績では，半導体関連の調達額は140億ドル（約1.6兆円）に達している。クアルコムやインテルなど米国の企業からも半導体部品を多く買っている。また，日本企業からも5,000億円規模（2017年実績）の部品を調達している。

こうした「ファーウェイ排除」の動きが進めば，米国や日本の企業にも打撃となってブーメランのように返ってくる。周知の通り，グローバル企業は中国を中心とする供給網（グローバル・サプライチェーン）を，10年以上をかけて広範囲に築き上げてきた。米国政府の強硬姿勢を受けてそうした供給網が断絶すれば，前述のように通信機器などの生産ができなくなる事態が起き，アジアさらには世界の通信産業や顧客に損害をもたらしかねない。

深圳はこれまで数回にわたり産業構造の転換を果たしてきた。現在は「紅いシリコン・バレー」と呼ばれ，本家シリコン・バレーを凌ぐほどの勢いで

発展し続けている。米中経済戦争によるマイナス的影響は避けられないが，レベルアップした産業力やイノベーション力をてこにして耐えていかねばならない。耐えるというより，これをきっかけとしてさらなる構造転換を求め，コア技術の獲得により，強靭性を高めていかねばならない。

米中経済戦争は，言ってみれば勝者無しの戦いである。目障りなものは排除するというハードランディング的なやり方（結局共倒れの恐れがある）ではなく，実態をよく見て実効性のある解決案を見出し，WIN-WINの関係を築いていく必要がある。

2　動き出した「一帯一路」：巨額の資金投入

日本政府は中国が大々的に展開している広域経済圏構想「一帯一路」への参加を一貫して拒んできた。だが2017年半ばごろから一転して，参加の意向を見せ始めた。安倍晋三首相は，2017年末に日中の経済界が開いた会合でのあいさつの中でも，「大いに協力できる」と述べ，両国の経済連携の推進に意欲を見せた。さらに2018年10月には中国を訪問し，第三国ビジネス協力という名目で，「一帯一路」への参画を表明した。

もっとも経済界のほうは今ひとつ乗り気でない。インフラ関係などのプロジェクトで日中がどのような形で協力できるのか，探りかねているからである。その背景には「一帯一路」戦略がどれだけの規模で，どのように展開しているか，実際の状況を日本の経済界がしっかりと把握していないことがある。

ここでは，「一帯一路」戦略がどれだけの規模で，どのように展開されているかを概観する。「一帯一路」沿線地域で展開されている多くのプロジェクトの資金がどこから，どれだけの規模で出ているのか，またどのような企業が請け負っているのか。その上で，日本が「一帯一路」にどのように関わることができるか，果たしてチャンスはあるのかどうか，を見極めていきた

い。

（1）資金の出所

アジアに年間1.5兆ドルのインフラ需要

　アジア開発銀行（ADB）は2017年2月に発行した報告書の中で，アジア太平洋地域の開発途上国が現在の経済成長を維持するとすれば，2030年までのインフラ需要が総額で22.6兆ドル，年間では1.5兆ドルを超えるとの見通しを示した。気候変動への対応のための措置を含めた場合の予測額はさらに大きく，26兆ドル，年間1.7兆ドルを超えると予測した。

　ところが「一帯一路」が出現するまで，先進国や国際機関がアジアのインフラ需要を満たすために提供できた資金量は極めて限られたものでしかなかった。各国政府のODAは2016年で合計1,549億ドルである。国際機関からは，世界銀行が610億ドル，ADBが317億ドル（いずれも2016年），それぞれ融資している。このほか日本の国際協力銀行（JBIC）はエネルギー中心に

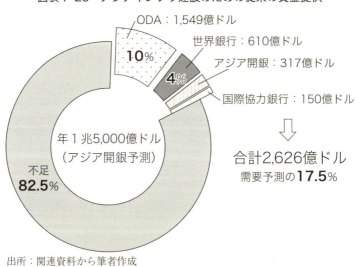

図表 I-25　アジアインフラ建設のための従来の資金提供

出所：関連資料から筆者作成

プロジェクト融資を年間150億ドル程度行っている。これらを合計すると，2,626億ドルになるが，ADBによる需要予測のわずか17.5％しか提供できていない（図表Ⅰ-25）。

アジア太平洋地域のインフラ需要に対する資金供給は圧倒的に不足している。そこに中国の「一帯一路」が一挙に入り込んでくる余地があった。「一帯一路」は2013年に習近平国家主席が提唱し，2014年11月に中国で開催された「アジア太平洋経済協力（APEC）首脳会議」において広く各国にアピールされた。それから約4年だが，資金供給はこの短期間の間に驚くほど拡大している。

とるに足りないAIIB・シルクロード基金

メディアではアジアインフラ投資銀行（AIIB）の動向が取り上げられることが多いが，その融資額はとるに足らない。創設から2年間で12カ国 24プロジェクト，融資総額は42億ドルにとどまっている（初年度9件，2年度15件）。融資額としては期待外れと言ってもよい。融資を進めていくための人材がまだ揃っていないこと，中国が決定権は持っているものの，加盟諸国の意に反した融資は決めにくいことなどが，その大きな理由であろう。

主導権を握る中国は当初，中国の思い通りにしようとした節もうかがえるが，実際に多くの国々が加入してくると，そう勝手に振舞うわけにもいかなくなっている。審査もきっちりとしていかねばならない。それでも中国としては，多くの参加国を得て，AIIBの中心的役割を担っていけるのだから，融資額が少なくても，「一帯一路」のシンボル的な意味合いは十分にある。

課題となっていた格付け取得については，ムーディーズ，S&Pレーティング，フィッチ・レーティングスから相次いで最上位の格付け「AAA」を取得したので，今後は債券発行など資金調達が容易になろう。それでも金額的には大きな飛躍は望めない。年間融資額が300億ドルを突破し，ADB並みに成長するには時間がかかる。おそらく5年では追いつけないのではなかろうか。

もう１つのシルクロード基金もAIIBと五十歩百歩である。３年間で総額70億ドルにとどまっている。この基金は政府が特に重点をおくプロジェクトに限定されている。代表例が2015年12月に創設された「中哈（カザフスタン）産能合作基金」で，資金額は20億ドルである。

動き活発な２つの政策銀行

　これに比べて資金の動きが活発なのが国家開発銀行，中国輸出入銀行という２つの政策銀行である。両行は，AIIBやシルクロード基金に比べれば，ケタ違いの融資力を見せている。

　国家開発銀行は2016年末の国際業務貸付残高が2,779億ドルだが，そのうち「一帯一路」に1,600億ドルをつぎ込んでいる。「一帯一路」が本格化したのは2014年からとすれば，１年間で500億ドル余りを融資していることになる。

　中国輸出入銀行は「2015年末における『一帯一路』沿線諸国への融資残高が5,200億元を超える」とある。ドル換算すれば約825億ドルになる。１年間では400億ドル余りとなろう。

中央企業も積極的に進出

　基幹的な国有企業である中央企業も「一帯一路」沿線地域に積極的に進出している[17]。2017年５月現在で，47の中央企業が合計1,676件も進出しているという。金額は公表されていないが，海外資産は2013年には，ほぼ４兆4,000億元だったのが，2017年の報告によると，すでに６兆元に達しているという。４年間で１兆6,000億元増えたことになる。年間では4,000億元，つまり600億ドル強の増加になる。中央企業以外の国有企業を含めれば，合計で1,000億ドル規模となろう。

17　国務院（政府）の国有資産監督管理委員会の管理下にある国有企業で，「央企」とも呼んでいる。鉄鋼，石油化学など基幹産業の中核的な企業が名を連ねており，その数は2018年６月現在で96ある。

主な中央企業を挙げてみると，エネルギー部門では中国石油化工集団，中国石油天然ガス集団，国家電網公司，中国電力建設集団，中国核工業集団，中国広核集団など，鉄道・道路・港湾・ダム部門では，中国機械工業集団，中国鉄道建築，中国建築集団，中国中車，中国交通建設集団，中国長江三峡集団，招商局集団など，鉄鋼部門では鞍鋼集団，中国宝武鋼鉄集団などである。

　中国には改革開放40年の実績と英知（経済特区や工業園区等を建設した経験）がある。これまでは国内で「世界の工場」を作り上げてきたが，今後はそうした経験をもとに海外に向かっていく。現在，ロシアには4〜5の経済区があるが，中国企業が1,600社進出しているし，ベトナムにも4つの工業園区に1,000社の中国企業が進出している。その他，インドネシアや中東のスエズ地区にも多くの中国企業が進出している。こうした海外における特区や園区の中心になるのは，やはり中央企業だろう。それが呼び水となって，民営企業も出ていく。

　銀行保険監督管理委員会の傘下にある4大国有商業銀行（工商銀行，建設銀行，農業銀行，中国銀行）は，広義では中央企業と呼ばれており，これらの銀行も巨額の融資を行っている。たとえば工商銀行は，これまでに「一帯一路」関連だけで674億ドルもの融資実績がある。

「一帯一路」だけで，これまでの世界の資金供給額に匹敵

　以上の中国の資金供給額を合計してみると，年間に2,600億ドル余りとなる（図表Ⅰ-26）。これは「一帯一路」が登場する以前における世界のアジアインフラへの資金供給額にほぼ匹敵する。中国1国だけで，世界の総供給額に匹敵するということになる。

　しかもAIIBやシルクロード基金は投資の呼び水，あるいは象徴的な意味にとどまっており，資金供給の主力は2つの政策銀行，中央企業，4つの国有商業銀行といった「国有部門」であることに注目すべきである。

　さらに民間企業も国有部門に誘発されて，「一帯一路」沿線国への貿易，

図表Ⅰ-26　アジアインフラ建設のための中国からの資金提供

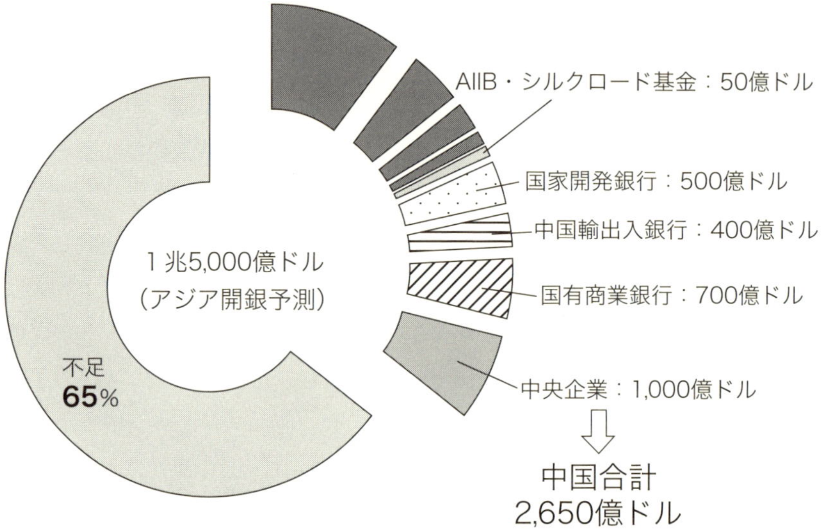

- AIIB・シルクロード基金：50億ドル
- 国家開発銀行：500億ドル
- 中国輸出入銀行：400億ドル
- 国有商業銀行：700億ドル
- 中央企業：1,000億ドル

⇒ 中国合計 2,650億ドル

1兆5,000億ドル（アジア開銀予測）
不足 **65**%

出所：関連資料から筆者作成

投資を増やしている。2017年の統計によると，「一帯一路」地域との中国の貿易量の約43％が携帯電話やPC等IT系を中心とする民営企業であり，国有企業の貿易量を超えている。予想以上の恩恵を受けていることになる。

日本のメディアなどには，AIIBの融資額が少ないという部分だけを見て，「『一帯一路』はとるに足らない」と結論付けるところもあるが，よりしっかりと目を凝らして実態を見なければ，大きな過ちを犯すことになる。

（2）チャンスとリスク

もっとも「一帯一路」の数多くのプロジェクト展開には，チャンスも多い半面，リスクも極めて高いことを知っておくべきであろう。

中国はバングラデシュ，パキスタン，スリランカといった諸国の港湾整備事業に積極的になっている。ところがインド包囲網を早期に形成したいとの政治的・軍事的な目論見（「真珠の首飾り」戦略）が前面に出過ぎて，各国

図表 I-27　中国の「真珠の首飾り」戦略

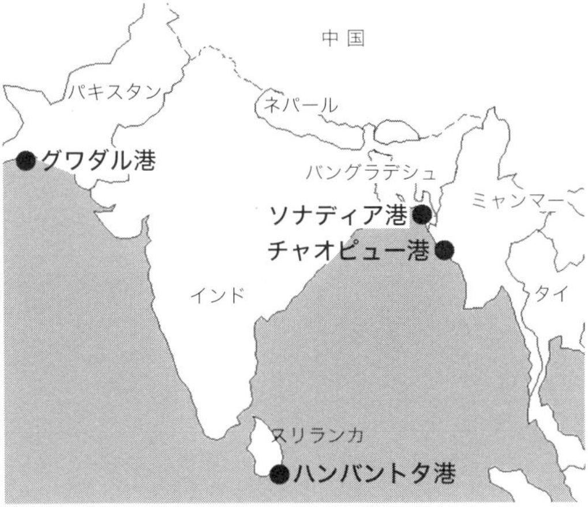

でトラブルを起こしている（図表 I-27）。

その代表的な例がスリランカのハンバントタ港である。親中国だったラジャパクサ大統領時代に，第一期工事分として中国輸出入銀行が費用の85%を貸し付け，中国の国有企業である中国港湾工程公司が担当して建設が行われ，2012年に営業を開始した。ところが借りた資金の金利が高く，シリセナ大統領の時代になると，中国への不満が噴出してくる。しかしどうすることもできず，追い詰められて2017年7月，中国の国有企業である中国招商局集団に11.2億ドルでハンバントタ港の70%の株式を売却せざるを得なくなった。99年間の租借権も与えてしまった。

バングラデシュのソナディア深水港でも，2016年2月に建設が棚上げになる事態が起きている。パキスタンとは「中国・パキスタン経済回廊」を打ち上げ，その一環として中国はグワダル港の整備に力を入れてきた。しかしパキスタンも中国からの過重債務によって「中国債務の罠」に陥る危険性が指摘されている。

さらに2018年12月には，ミャンマー西部チャオピューの深海港開発についても，事業規模を縮小することで両国が合意した。中国にとってチャオ

ピュー港は，雲南省昆明までつながるパイプラインの設置場所で，南シナ海を通らずに，中東からの原油や天然ガスを送る重要拠点になっている。だが，債務返済を懸念するミャンマー側に，中国側も譲歩せざるを得なかった。

中国は高速鉄道の世界への輸出にも全力を注いでいるが，これまでの「星取表」を見ると，黒星が目立っている。米国，メキシコ，ベネズエラといったところでは，いったん結んだ契約が解消となってしまった。アジアでもインドでは中心となるムンバイ・アーメダバード路線の輸出商談で日本に負けた。同様にタイでも最も乗客が多いと見られるバンコク・チェンマイ路線は日本が勝ち取った。インドネシアでは中国が入札に勝ったが，いまだ本格建設に入れずにいる。

さらに2018年内に入札予定だったクアラルンプール・シンガポール間の高速鉄道建設は，事前の予想では中国が有利とされていたが，マハティール政権の再登場で，建設が延期されることになった。ここは中国の昆明とシンガポールとを結ぶ「汎アジア高速鉄道計画」（図表Ⅰ-28）の起点となり，「一

図表Ⅰ-28　中国の汎アジア高速鉄道計画

出所：筆者作成

図表Ⅰ-29　アジア各地で頓挫する中国のダム建設

「帯一路」の目玉となるプロジェクトだっただけに，中国にとっても大きな痛手となろう。

　各地のダム建設もさまざまな理由から暗礁に乗り上げている。ミャンマーのミッソンダムは，環境破壊を恐れる住民の反対で，総額36億ドルの建設が中断したままである。パキスタンでは，インダス川上流に建設予定だったディアマーバシャダムがうまくいっていない。中国から140億ドルの資金援助を受ける予定だったが，中国側がダムの所有権や運営，維持管理の権利なども要求してきたため，パキスタン側が断ってしまった。ネパールのブディガンダキ水力発電所も，中国から総額25億ドルの融資を受ける話が進んでいたが，資金の不正な流れが発覚して，計画が取り消しになったと伝えられている。

なぜトラブルが多いのか

　なぜ各地でこれほどまでにトラブルが多いのか。第一に指摘できるのは中国のプロジェクト展開能力の「力不足」である。プロジェクト融資には金融

の専門家が多く必要になるが，今の中国には十分な専門家がいない。ある日本人の専門家が，北京のAIIB本部で講演をしたところ，AIIBスタッフからの質問はほとんどなく，質問したのは同席していたADBなどからの参加者だったという。AIIBの融資先のほとんどがADBや世界銀行との相乗りであることも，人材不足の表れと言える。インフラ案件のプロジェクト審査を担当するスタッフが少ないのである。

　またインフラ建設の技術レベルも高いとは言えない。「モノづくり」では急速に日本など先進国を追い上げているとはいえ，肝心な部品は他国に依存するなど，脆弱性を克服できないでいる。インドネシアの高速鉄道プロジェクトは，その好例だろう。破格の条件を提示して落札はしたものの，技術的な問題などで，本格的な建設が大幅に遅れている。

カントリーリスクが高い

　第二はカントリーリスクの高さである。「一帯一路」沿線国はもともとカントリーリスクが高い。政権交代が頻繁に起こるし，地域によっては戦争状態に巻き込まれているところも少なくない。

　日本貿易保険（NEXI）はAからHまでの8段階で各国・地域のカントリーリスクを分けている。アジア・中近東で見ると（2018年2月2日現在），最もカントリーリスクの低いAランクにはシンガポール，日本，次に低いBランクには韓国，台湾といった順で並んでいる。そして最もカントリーリスクの高いHには，北朝鮮，ラオス，パキスタン，アフガニスタン，イラク，シリア，レバノン，イエメン，キルギス，タジキスタン，西岸・ガザが入っている。「一帯一路」の主要対象国の多くが，この中に含まれている。

　加えて中国は何ごとも政府主導で進めているため，政治優先になりがちで，プロジェクトのリスク評価がどうしても甘くなる。特に国有企業は政府の言いなりになりがちで，リスクを自分の判断で見極めようとしない。

　「一帯一路」のプロジェクト展開では，国有資産監督管理委員会が重要な役割を果たしている（図表Ⅰ-30）。同委員会が国家開発銀行，中国輸出入銀

図表Ⅰ-30 国有資産監督管理委員会の役割

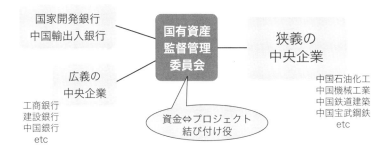

行などの資金と巨大国有企業（中央企業）のプロジェクト建設とを結び付けているのだ。中央企業の側からすれば，監督官庁である国有資産監督管理委員会から具体的な案件を持ちかけられれば，よほどでない限り断れない。

　企業の側も，「一帯一路」の沿線国の案件であれば，何でも「一帯一路」の対象プロジェクトに組み込んでくれるので，うまく利用しようとする。政府から「一帯一路」に積極的に取り組め，という強い指示が出ているので，地方政府などはこれが「一帯一路」かと思われる案件でも，「一帯一路」案件にしてしまい，中央の了解を取り付けてしまう。「一帯一路」が展開される前に開始していた案件はもちろん，すべて「一帯一路」に組み込み直してしまう。

　一方，アジアなどの資金を受ける側を見ると，中国から持ち込まれた案件を簡単には断れない。特に親中政権であれば，なおさらである。スリランカやマレーシアに多くのプロジェクトを展開できたのは，親中政権だったからに相違ない。

　だが，フィージビリティ調査などは十分にやっていない場合が多い。中国のトップ指導者がこれらの親中国国家を訪問して，鶴の一声で決めてしまう。

　マレーシアでは東西を結ぶ鉄道路線の建設が，中国の請負で始まった。ところがマハティール氏が首相になり，この案件に資金面など多くの問題があったことが明るみに出て，結局マレーシア側は中国に建設中止を申し入れた。

金利高く「中国債務の罠」に

　第三は中国が海外でのプロジェクト建設に慣れていない面が指摘できよう。ミャンマーのミッソンダムに見られるような，環境問題への配慮不足はその一例だろう。

　それ以上に問題なのが，融資の金利が比較的高いことである。日本は超低利の円借款によって，アジア各国のインフラ建設に実績を残してきた。これに比べると，「一帯一路」関連のプロジェクトでは，金利がおしなべて高い。

　スリランカのハンバントタ港はその1つの例である。パキスタンやラオスも中国からの借入れが急増して，支払いに困難をきたしている。マレーシアも前政権時代に巨額のインフラ投資を中国からの資金供給で計画したが，マハティール新政権は多くのインフラ案件を見直すと明言している。なんとか返済困難に陥る前に未然に防いだ格好だ。こうした状況は「中国債務の罠」と呼ばれ，各国が警戒を強めている。

　中国にも日本の円借款に似た援助方式がないわけではない。しかし金額は少ない。シルクロード基金はそれほど金利が高くはないが，前述のように金額的にはそれほど多くはない。「一帯一路」の中心となる資金は国家開発銀行，中国輸出入銀行，さらには4大国有商業銀行といったところだが，これら銀行の融資の金利はやはり割高だ。しかも巨額の融資額なので，アジア・中近東などの中小国は，金利返済に苦しむことになってしまう。

　完成後のアフターケアなどきめ細かさにも欠けている。それどころか，いろいろな付帯条件（周辺開発権など）を付けたがるのは，本来の「平和協力」や「相互利益とWin-Win」といった趣旨から外れているのではなかろうか。中国が特定国に破格の条件を提供したために，他の国から「わが国はなぜ金利が高いのか」などと文句を言われたりするケースも出ている。

「一帯一路」は何が最終目標か

　中国が展開する「一帯一路」プロジェクトのさまざまな混乱は，目的がバラバラで，はっきりしていないことに根本原因がある。中国は自国の目先の

利益だけに目を奪われてはいけない。当初は過剰な設備や多くの在庫を抱える鉄鋼，セメントなどの「はけ口」として「一帯一路」を位置付けたこともあるが，こうした視野の狭い方法では「一帯一路」戦略の展開は難しい。

また，単に市場として「一帯一路」をとらえるのにも問題がある。これまで中国は，日本や米国等「東」の国から技術や資金を入れて，「東」の国に商品を輸出してきた。ところが輸出先としての「東」はほぼ満杯となり，限界にきている。米中経済戦争が生じているのも，当然の成り行きだった。そこで中国は方向を変えて「西」の「一帯一路」に向かわざるを得なかった。

だが，利益優先で「一帯一路」の沿線地域に入っていけば，多くのトラブルを引き起こす。中国のプロジェクトの金利が割高なことは，その最たる例である。相手国のことを考えずに進めていけば，「中国債務の罠」に多くの国が落ち込んでしまおう。

中国もこの点はわかり始めていて，最近は習近平国家主席自ら「人類運命共同体」という言葉を使うようになった。本気で「人類運命共同体」を考えるならば，中国が現在展開しているやり方には根本からの修正が必要になってくる。李克強首相も，全国人民代表大会（全人代）での政府活動報告では，「対外投資方式の刷新が必要」といった一節を入れるようになっている。だが，まだ言葉だけにとどまっており，明確な対応策は出てきていない。

Ⅱ 変わらない日本

1 中国ビジネスの現場にも異変

（1）現地と本社の間に気まずい雰囲気

1990年代の中国市場観はもはや古い

　「Ⅰ　変わる中国」で詳述したように，中国は大きく変貌を遂げている。ところが日本は大きく変わろうとしない。大きく変貌する中国の現場を見に行っても，驚きはするが，対岸視していて，それでは自分たちはどうすれば変化に対応していけるのか，というところまではなかなか進まない。

　確かに中国のやり方には荒っぽい点が少なくない。不動産や株が高騰するなど，バブル的な要素も見られる。だが，これこそが中国流，ということもできる。「一帯一路」戦略の進め方を見ても，中国はまず積極的に「面」を作っていこうとする。港湾建設がうまくいかないとか，高速鉄道の工事が大幅に遅れるとか，いろいろな問題も出てくる。それでも中国はあまり気にしない。問題点があっても，修正していけば，最後はなんとかなると思っている。

　ところが日本は「点」にこだわる。「点」に問題があると，納得できない。しっかりとした事前調査と詳細な計画書がないと動き出さない。そうこうしているうちに，取組みが遅れて，気が付いたときには手遅れとなっている。

　今日本の企業にとって，中国市場をどう見るか，が問われている。グロー

バル化の進展の中で、日本は「中国市場観」を大きく変えてしかるべきなのだが、現実はどうかと言えば、日本企業が競争力、優位性を有していた1990年代の中国市場観が、今でも根強く残っている。

それでも変化を目の当たりに見ている企業の現地駐在員の中には、これまでの対応の仕方ではやっていけないことに気付き、具体的な対応策を検討し始めるところも出てきている。ところが問題は本社が気付いていない点だ。うすうす気付いていても、それをしっかりと認識し、対策を講じるまでに至らない。現地と本社との間で、リアリティを共有できない。中国に対する既成イメージや情緒論ではなく、冷静で客観的、科学的な現状認識がすべての出発点とならねばならないのだが、それができていない。

現地と本社の間に気まずい雰囲気が漂う。本社の役員会で中国の政治・経済事情を報告していた中国総代表に対して、ある役員が「あいつは長く中国にいて、かなり中国かぶれしたな」とつぶやく。すると別の役員が「いや、あいつはいまや中国人だろ」と冗談交じりに返したという。

時代遅れになっても業種転換ができない

現場では何が起こっているか、いくつかの事例を挙げてみよう。

深圳でATM（現金自動預払機）を製造している日系企業を視察した。同社は2000年に設立され、香港に隣接しているという地の利を得て、順調に生産を増やしてきた。中国全体の「対外貿易500強」の220位にランクインしたこともあったほどだ。

中国のお札は表面がやや粗く、ATM部品の摩耗が激しい。しかし日本メーカー製は中国メーカー製に比べると、耐久性に優れている。このため、同社の中国国内での評価は高く、シェアは約半分を維持してきた。

ところがここにきてATM販売台数が急減している。ピーク時に比べ9割減という減り方である。国内需要の一巡、国産メーカーの台頭という要因もあるが、何といっても電子マネー決済の普及が影響している。

中国では電子マネー決済が急増し、現金を持ち歩く必要性がほとんどなく

なっている。タクシーの支払いもほとんどがスマホなので，運転手の手元には現金が極端に少なくなっていて，客への釣銭すら渡せない状況が発生している。

深圳で，ある銀行の支店をのぞいてみると，店内は閑散としている。こうした情景は深圳だけでなく，全国共通のようだ。入出金，送金，各種料金の支払い，さらには一部財テクまで全部スマホ上で処理できるようになり，わざわざ銀行まで足を運ぶ必要がなくなってきた。行くとすれば，口座開設のときや，スマホ上で決済できない一部のサービスを受けるときくらいである。

このため銀行など各所に据え付けられているATMの台数が急減してきたのだ。同社では部品納入ルートの合理化などさまざまな工場の改善活動でコスト削減に努める一方，東南アジア向け輸出を増やすなど対応に必死となっている。

だが，努力にも限界のあることは明らかだろう。90年代以降に大挙して中国に進出してきた日系企業の中には，同じような苦境に立たされているところが数多く存在する。テレビや白物家電などは，その典型であろう。本来ならば，産業構造の変化をいち早く察知し，早くから次の手を打っていかねばならない。衰退産業には見切りをつけ，業種の転換を図らねばならない。自分たちの持っている技術や経験を活かせば，それは不可能ではないはずなのだが，決断ができない。決断が遅れれば遅れるほど，不利な形での撤退を余儀なくされる。

（2）抜け落ちた「グローバル」視点

ビジネスは日中の2国間だけではない

日本の会社の多くは，海外に多くの出先を持ち，そこでは多くの社員が働いている。本来ならば，「中国市場観」についても，中国にいる駐在員や本社の中国担当だけでなく，全社員が共通の認識の上に立って，対応していかねばならないはずだ。中国市場は中国語のわかる専門の連中にまかせておけばよい，という時代ではない。これからの時代を担う若い社員の間では，い

ろいろな議論は始まっているのだが，まだ彼らの間でもしっかりとした「対中市場観」を持つには至っていない。

現実には何が起こっているかと言えば，日中2国間だけの中国ビジネスからの脱却が進んでいるのである。海外の何百とある出先では，とりわけ米国や中東などでは，これまで中国ビジネスは自分たちとは関係ないと思っていたところが多かった。ところが今では，どこに行っても中国にからんだ話が出てくる。どこに行っても現地に中国人のビジネスパーソンがいるし，コンペティターには中国人が出てくる。

中国に駐在していても同様である。日中間だけのビジネスだったところに，最近ではアジア各国や米欧がからんでくるケースが増えている。これまで現地から日本の本社だけを向いて仕事をしてきた駐在員も，何かが変わり始めていると，さすがに気が付きだしている。

日本政府の本省の役人が北京に行くと，日系駐在員に必ずと言ってよいほど，「日中ビジネスに何か問題はありませんか」とヒアリングする。確かに現場からすれば，日中の取引に関わるトラブルや改善して欲しい点は多い。だが日中間のコップの中の些細な出来事だけをほじくり回す時代ではない。むしろ政府には日中間での問題にとどまらず，グローバル化する中国の第三国を含めたビジネス展開にも目を向けてほしい。そうでないと，「あなたは何もわかっていませんね。中国はもはや，日本の先を行ってますよ」と言いたくなってしまう。

中国関連の情報にしても，いまや東京と北京だけが動くのではなく，世界各地の事務所とも連絡を取り合い，幅広い中国関連情報を集めねばならない時代となっている。

日中関係の改善に伴って，ようやく日本政府も中国との第三国協力で日本企業をバックアップし始めた。中国の企業と第三国で協力しなくても，彼らが第三国で何をやっているかを知らなければ，その企業，ひいては日本経済にも大きく影響する。これまで日本商品の牙城だった現地市場が中国製品にとって替わられたり，地元パートナーが中国企業に買収されたり，さらには

有望地下資源の権益を中国企業に持っていかれるなど，さまざまな新しい現象が世界各地で起き始めている。

中国しか知らないスタッフでは対応できない

　人材の面でも，現地では求められる中身が全然違ってきている。昔は中国相手に単純にモノを売っていればよかった。中国でモノを売るためには，いくら偉い日本人が来ても，彼らが世界の情勢などを知っていたとしても，現地スタッフのコミュニケーション力にはかなわないので，彼らがかけがえのない存在だった。しかしそうした現地スタッフは，中国国内でモノを売るという能力以上には育てられていない。本社の身勝手で短視眼的な仕業である。今は中国人の視野が広がってきており，グローバルな人材にならないと，もはや日本は太刀打ちできないところまできている。

　日本人の中国語研修生の問題もある。これまでの研修を受けた社員は，中国のみを向いて仕事をしていればよかったが，今はそうはいかない。相手のビジネス活動エリアが世界に広がっているので，それを知らないといくら中国語ができても相手にされなくなる。会社が育ててきた何十人，何百人という中国語研修生が，第三国でも仕事をすることは自然な流れとなっている。

　新任の中国支配人（日本人）が中国企業のトップに挨拶に行ったところ，赴任前に欧州支配人だったと自己紹介した途端に，そのトップは体を乗り出した。この新任の支配人とは第三国でビジネスができる，あるいは相談できると思ったからだ。中国とのビジネスしか知らないようでは，この先の展開がない。よく言う「チャイナスクール人材」で終わってしまう。

　実は日本企業での中国語研修生の養成は，今ではあまり流行らない。なぜか。むしろ中国人留学生や，日本で生まれ東大や早慶といった一流大学を卒業した優秀な中国人が，大量に日本企業で採用されているからだ。

　ところが，彼らは逆に今の中国で生活をしたことがない，いわゆる日系中国人だ。中国現地の人脈もないし，発想，行動パターンがもはや日本人である。人によっては中国駐在を敬遠する者もいる。中国語はできてもうまく活

用できないでいる。結局，企業から国際的視野のある，中国を理解するスペシャリストが消えていく。

はたしてこれからの日本人はどう中国人と渡り合っていくのか。各社人事部の人材養成のあり方が問われている。

政府が動いても民間が動かなければ

　中国が展開しているプロジェクトは，「中国製造2025」にしても「一帯一路」にしても，とにかく資金の投入量が桁外れである。人材も80年代，90年代生まれの若手が伸びてきており，これに「海亀族」と呼ばれる海外留学からの多くの帰国者が加わる。危うい面はあるにしても，「中国製造2025」と「一帯一路」のそれぞれから膨大なビジネスチャンスが生まれてきている。

　問題は日本側の対応の仕方だ。膨大なビジネスチャンスに目をつぶるのか，それとも日本の国益を考えて参加していくのか？

　安倍政権は長い間，目をつぶってきた。中国経済発展の「第三段階」（詳しくは159ページ参照）という新たなステージが動き出しているにもかかわらず，中国のやり方は自由主義をベースにした日本の価値観に合わないとして退けてきた。その代償は大きい。

　それでも遅ればせながら，2017年半ばごろから日中関係の改善に動き出した。中国側も米中摩擦が激化する中で，日本との関係を悪化させたままでは，身動きが取れなくなる。双方の思惑が一致して，2018年10月には安倍首相の中国訪問まで実現させた。第三国ビジネス協力やハイテク分野での協力も俎上に上ってきた。前者は「一帯一路」を，後者は「中国製造2025」を意識したものであろう。

　だが，肝心の民間企業が動かなければ，いくら政府が音頭を取ったとしても成果は上がらない。問われるのは，民間企業トップの決断であり，具体的な協力の戦略づくりである。これまで中国とビジネスでの付き合いがないのに，急にパートナーシップを組もうとしても無理である。政府がやるなら安心だろうと考えて，リスクの大きいインフラ共同事業のような場面に飛び込

んでいけば，思わぬ痛手を受けかねない。

そうした「新段階」に入った中国と正面から向き合う周到な準備が，日本の企業側にはたしてあるのだろうか？ ないとすれば，日本の中国ビジネスの再構築はあり得ない。まずは発想のコペルニクス的な転回が必要になってくる。

2 日系企業はなぜ撤退したか

(1) 6社の撤退事例

経済産業省が毎年実施している海外事業活動基本調査の中に，現地法人の撤退数の統計がある。2018年5月に公表された第47回調査（2016年度実績）によると，中国からの撤退数は高水準が続いている。2012年度は188社だったが，2013年度には200社の大台に乗り，さらに2014年度には274社にまで増えた。その後も2015年度278社，2016年度269社と多い。過去5年間の合計では1,214社にも及んでいる。

この調査は本社への聞き取り調査であり，回収率は約71％なので，実際の

図表Ⅱ-1 現地法人の地域別撤退数および撤退比率の推移

		現地法人の撤退数 (単位：社)					現地法人の撤退比率 (単位：%)				
		2012年度	2013年度	2014年度	2015年度	2016年度	2012年度	2013年度	2014年度	2015年度	2016年度
全地域		510	554	628	724	650	2.1	2.3	2.5	2.8	2.5
北米		63	73	70	103	76	1.9	2.3	2.2	3.1	2.3
アジア	中国	188	205	274	278	269	2.4	2.6	3.5	3.4	3.5
	ASEAN	54	68	44	81	75	1.4	1.7	1.0	1.8	1.6
	NIES3	60	80	71	80	68	2.3	2.8	2.5	2.8	2.4
欧州		95	76	101	93	79	3.2	2.7	3.5	3.1	2.7

出所：経済産業省

撤退企業数はさらに多いと見られる。

　以下では，実際に撤退ないしは撤退を検討した事例（2018年12月末現在）をいくつか取り上げ，なぜそうした事態に追い込まれたかを見ていきたい。

A社：上海・独資企業（1995年設立）　オートバイ部品製造

一部従業員が不正や生産妨害

　設立以来，業績は順調に拡大したが，2013年4月に新任の日本人総経理が従業員の不正を察知した。帳簿上は利益を計上しているのだが，現金が不足していたり，実在庫が帳簿在庫より不足していたりした。会計監査に入ると，一部従業員がこれを拒絶，さらに中途採用の管理者への嫌がらせや監視カメラなど工場施設の破壊，恫喝を伴った法外な賃上げ要求などをするようになった。

　本社は首謀者の解雇，暴力行為を働いた従業員の処罰とともに，2014年3月に四川省・成都にある現法との合併を決めた。上海現法は段階的に縮小し，最終的には解散・清算に持っていくことになっていた。

　ところが成都現法の受け入れ準備が整わず，解散・清算への段取りを踏むことができない。その間も，一部従業員による生産妨害は度々発生する状態だった。

　本社は最終的に生産継続を優先させ，成都現法との合併も中止してしまった。上海現法は問題解決を先送りしたまま，現在に至っている。今後，再び清算を行うとすれば，従業員との紛争は免れない。さらに帳簿不備などから税務当局による追徴課税を受ける可能性もある。

B社：中山・独資企業（2012年香港企業から買収）　カメラパーツ製造

デジカメ市場が衰退，リストラに

　デジカメブームに乗って進出，ストロボなどのカメラパーツを製造していた。原料部品を輸入し，製品は輸出するという典型的な加工貿易である。

ところがスマホが急増し，デジカメ市場は世界的に衰退していく。この会社も窮地に追い込まれ，2015年3月に事業再編することに決めた。最初は解散・清算を考えたが，思い直して珠海にある別の現法と合併し，中山現法は段階的な縮小を目指すことにした。しかし中山，珠海ともに行政区域を跨いだ外資企業間の合併は，それまで認可された前例がなく，手続きも不透明で煩雑だった。そこでやむなく，再びリストラに方針を変更し，1年程度を経て解散・清算へ向かうこととした。

リストラは従業員400人の体制を100人にまで削減するという大幅なものとなった。コンサルの提案により，補償金の割り増しによる希望退職者を募集した。退職者には退職月の給与の全額支給，残留者にも給与引上げを提案した。ところが残留者からも補償金の支払い要求が出てきたため，労働契約をいったん解除し，1年の期限で再契約する措置を取った。

従業員へのリストラ通知の際には，不測の事態も予想されたため，事前に労働局，社会治安維持局，総工会に連絡し，支援を要請。当日は労働局が現場で立ち合い，社会治安維持局が工場の外で待機するという物々しさだったが，なんとか騒ぎに発展するのは防ぐことができた。

2017年7月には解散・清算を開始したが，税務当局による調べが長期化している。というのは，この現法は一貫して赤字で，企業所得税を納税していなかったからだ。

C社：無錫・合弁企業（2000年設立）　精密プレス部品製造
納入先の事業縮小などで譲渡へ

設立から3年くらい経って，納入先である日系の家電メーカーの事業縮小，部品内製化が原因で，業績が悪化してしまった。このため清算を決めるが，その時点では債務超過の寸前までいっていた。

もっともこの現法は家電向けの部品製造のほかに，中国ではまだ生産しているところが少ない金型製造も手掛けていたことから，複数の中国企業から

資産買収または持ち分買収のオファーがあり，その中の1社に持ち分譲渡することがまとまった。

ところが全従業員から労働契約解除と補償金支払いの要求があり，売り手・買い手双方ともにこれを拒否したため，操業停止に追い込まれた。最終的には日本側が増資により補償金を支払い，代わりに譲渡価格を引き上げて決着した。しかし多くの従業員が転職してしまった。

D社：上海・独資企業（2003年設立）　自動車部品製造

環境規制の強化が追い打ちに

中国国内の日系自動車メーカー向けに部品を製造していたが，原料の製造工程を持っていなかったことや，製品も日系車仕様のため融通がきかず，長期にわたり業績が振るわなかった。親会社からは資本金とほぼ同額の借入金があり，債務超過状態だった。

さらに環境規制の強化が加わり，追加投資の必要性に迫られたため，解散・清算を決めた。顧客への供給継続のために，安徽省にある地場企業との間で合弁企業を設立した。事業を合弁企業に移管し，上海現法は解散・清算となった。

幹部従業員には合弁企業の上海事務所への移籍を約束し，従業員の円満退職，残務処理への協力を取り付けた。一般従業員への補償金もすんなり決着した。

E社：深圳・独資企業（1994年設立）　電子部品製造

未納税金が発覚し，解散・清算の期日を延期

香港子会社と来料加工・進料加工[18]を手掛けていたが，受注量の減少，人件費の上昇，さらには税関・税務局からの度重なる罰金によって，業績は長期にわたり不振だった。このため2016年11月に解散・清算を決めた。

ところが従業員との補償金交渉は難航した。補償金提示を不服とする従業

員側から会社側に過大ともいえる要求が出て，激しく対立した。会社側は厳しい財務状況を説明し，会社側が提示した補償金案に同意しない場合には，労働契約を終了すると通知。するとほぼ全員が雪崩を打つように合意書に署名し，決着した。

しかし，問題はそれだけにとどまらなかった。2015年以前の未納税金（約400万元）が発覚し，解散・清算の期日を延ばさざるを得なくなった。何とか修正申告し，申告通りに認定されたが，解散・清算手続きはまだ完了していない。

F社：蘇州・独資企業（2003年設立）　ゴム部品加工
環境影響評価が不合格に

設立以来，業績は順調に拡大してきた。こうした中で生産拡大を計画し，設備増強に伴う環境影響評価を申請した。ところが廃棄・排水処理の措置が不十分との理由で，環境保護局から不合格とされてしまった。さらに工場周辺に住宅が迫って来るという状況の中で，地元政府からは口頭で工場の移転勧告を受けてしまった。

環境保護局からの改善意見に従えば，多額の投資が必要になるため，他地域への移転を検討し始める。ところが江蘇省内の開発区は，土地の価格が高く，環境基準も同様に厳しいため，これも断念してしまった。

今のところ元の工場のままで操業を継続しており，将来，環境規制がさらに厳しくなった場合には撤退する方針という。

18　来料加工とは，外国企業より無償で原材料の提供を受け，加工・生産し，完成品を委託元である外国企業に全量輸出する取引形態。進料加工とは，外国企業からの原材料の提供（輸入）と製品の引渡し（輸出）が無償か有償であるか，などの違いがある。

（2）撤退理由の分析

本社と現法との間の距離

　以上の6社の撤退事例を見て，まず感じるのは本社と現法との間の距離である。本社は一時のブームに乗って対中進出を決めるが，その後は市場環境の変化や環境規制の強化などにはあまり関心を示さず，現法内の労務管理にも熱心に取り組もうとしない。一方の現法は，大きく変化していく市場環境や環境規制の強化に直面し，なんとか対策を打とうとし，本社にも具体案を提示するが，ほとんど聞いてもらえない。

　来料加工・進料加工を手掛けるE社はその典型的な例であろう。広東省南部の東莞や深圳は来料加工・進料加工で一世を風靡したが，人件費の高騰によって進出のメリットが急速に薄れていく。そうした市場環境の大きな変化に，本社側は迅速に対応しようとはしなかった。業績不振が長期にわたっても，放置したままとなっていた。

　解散・清算に追い込まれる前に，事業規模の縮小，生産品目の拡大，中国内での顧客開拓など，厳しい状況を打開していく余地はあったはずである。税務当局や従業員とのトラブルも，有能な日本人経験者や現地スタッフがいれば，問題をこじらせずに済んだはずである。

　A社に至っては，一部従業員の不正横行を許してしまった。生産第一から抜け切れず，しかも自分たちの保身に走り，管理を軽視してしまった。こうした管理の不徹底の事例はA社に限らず，ほかにも多いようだ。

　多くの進出企業は，経営悪化のぎりぎりなところまでいかないと，処理に動き出さない。決定が遅い。しかもいったん決めても，すばやく処理しない。そのスピードの遅さは，10年前の進出企業とほとんど変わっていない。

市場環境の変化に対応できず

　B社はデジカメブームの衰退という市場環境の変化に，比較的早くに対応したのはよかった。ところが解散・清算に持っていくまでに，大いに手間

取ってしまった。わざわざリストラ期間を設けずに，一気に解散・清算に突き進んだほうが，従業員とのトラブルは少なかったかもしれない。またE社同様に，税務対策をしっかりやってこなかった。

　D社も市場の変化を把握することを怠った。納入先が日系自動車メーカーであるといっても，中国企業との競争はある。中国企業が安い部品を，しかもそれなりのレベルで作るようになってくれば，当然のことながらD社の競争力は低下してくる。それを防ぐにはどうしたらよいか，経営努力が足りなかったというほかない。

　残念なのはC社である。高度な技術が求められる金型製造ができるという優位性を活かせなかった。中国でも最近は金型製造を始めるところが出ているが，それでも技術レベルはなお低いし，数量も圧倒的に足りない。複数の中国企業から買収のオファーがあったのは，C社の技術的な優位性を中国側も認めていたからにほかならない。

　本来ならば，売却する前に，顧客が日系企業に限られ，また製品が電子機器用に限られているという同社の弱点の打開策を自らが講ずるべきだった。販路を中国企業に拡大する，自動車用の部品製造も手掛けるなどの手が打てたはずである。あるいは販売面や資金面で，中国企業と提携するという方策もあった。

　F社は環境規制の強化に対応できなかったが，中国でも環境規制が厳しくなっているという現実に正面から向き合うべきだったのではないか。環境投資にはコストが必要だという本社の認識不足であろう。

　市場は大きく変化している。進出したときには，それなりに先進的な技術を伴っていたとしても，5年，10年経てば，優位性はなくなってしまう。進出企業は絶えず技術革新を進め，業態を変えていく必要がある。日本の進出企業はそうした努力をあまりしなかったため，多くが中国側から歓迎されない存在になってしまっている。

次世代の経営者づくりをしているか

　清算に追い込まれた6社の事例を見ていると，本社トップのリーダーシップの存在が感じられない。それなりの経験を持った実務者を送り込むだけでよいわけではない。本社の社長が年に2回，3回と訪中し，現地スタッフを鼓舞するような積極的な姿勢があったかどうか。

　現地トップである総経理（日本人）にしても同じである。各社ともに，それなりに優秀な人材を送り込んでいるのだが，総経理にガッツがなければ，絶えず発生するさまざまな問題に対処していくのは難しかろう。

　さらに必要なのは，新しい時代に対応できる次世代の経営者を，日本企業はどこまで育成しているか，ということだ。日本型企業は従来から「長期的な利益の確保」を優先する傾向が強かったが，今はそれだけでは変化に対応できない。より短期的に利益を確保する，さらには技術レベルの確保だけではなく，いかに自社製品をマーケットで売り込んでいくかという，市場のニーズに合った経営戦略が求められる。そうしたことができる経営者を育ててこなかったつけが回ってきている。

3　携帯電話に見る敗退の要因

携帯電話は多くのつまずきの1つ

　日本企業の中国ビジネスの歴史は，1972年の日中国交正常化まで遡る。それ以来，貿易拡大，現地事務所，さらに現地法人・生産工場の設立を経て，2001年中国のWTO加盟により，開発設計，製造，販売，アフターサービスを含むフルラインの事業展開になっていった。特に21世紀に入ってからは，中国のさらなる開放や外資系企業に対する規制緩和に伴い，日本企業の中国進出が一大ブームとなった。

　そのような背景の下，日本企業は多くのつまずきをも経験してきた。本項ではその一例として，日系携帯電話の中国市場敗退を取り上げる。個々の事

例は事業分野が違うというだけでなく、当時の判断やアクションにも異なるものがある。だが、企業の経営課題という側面から見れば、グローバルビジネスの運営（国際分業）と現地への権限移譲など、本質的には相違ないと思われる。

これらの反省点は過去の経緯の整理というだけでなく、今後の海外事業展開にも活かすことができるのではないかと思う。

日系携帯電話の進出は2001年から

21世紀に入った直後の2003年、中国の携帯電話契約者数は約2.7億人に達した（図表Ⅱ-2）。1989年時点ではわずか1万人だったのを考えると、14年間のうちに、1989年時点の2万7,000倍に急成長したことになる。また、2003年には携帯電話の契約者数が初めて固定電話を超え、普及率は21.2％に達している（同時点の固定電話普及率は20.1％）。

当時の携帯電話はちょうど2G（第二世代規格）の全盛期にあった。中国内の携帯電話は欧州の標準規格「GSM（Global System for Mobile Communications）」に準拠するものが主流であるが、アメリカの規格

図表Ⅱ-2　中国携帯電話契約者数の推移（1997～2017年）

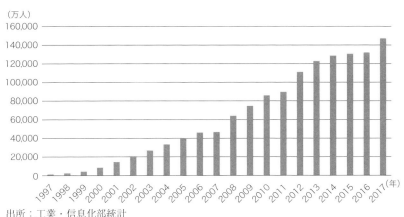

出所：工業・信息化部統計

図表Ⅱ-3　中国電気通信業の市場構造と業務区分

事業者	固定電話	移動電話	衛星通信	付加価値サービス[注]
中国電信	○			○
中国網通	○			○
中国聯通	○	○		○
中国移動		○		○
中国鉄通	○			○
中国衛通			○	○
その他				約4,400社

注：モバイルコンテンツ（ショートメールや着メロ）配信サービスのこと。

「CDMA（Code Division Multiple Access）」の通信ネットワークも全国をカバーし，対応機種が販売されている。

　日本の携帯電話メーカーがこの時期にこぞって中国に進出したのは，前記のように中国携帯市場の急速な普及と，もうすぐ始まるとされる3G（第三世代規格）に向けて市場を先取りすることが大きな要因だった。

　2000年代初頭，日本国内の携帯電話メーカーは10社を超えていた。NEC，富士通，三菱電機，日立，パナソニック，ソニー，シャープ，三洋，カシオ，京セラ，東芝など，今なら考えられないほどの「オール・スター」という状況だった。一方，日本製の携帯電話は品種が豊富なほか，デザインも魅力的などと海外でも評価されていた。さらに，1999年，NTTドコモはiモードサービスを開始した。これはメール（iモードメール）の送受信やウェブページ閲覧などができる世界初の携帯電話によるインターネットサービスだった。

　日本の携帯電話に対しては，中国の通信事業者や消費者からも，いつ中国に展開するか，かなり期待されていた。こうした期待を背景に，巨大な市場規模や前記のようなニーズ（というより期待値）から，2001年から2002年にかけて，松下通信工業（後にパナソニックに改名），NEC，富士通，京セラ，

東芝，三洋電機が相次いで中国携帯市場へ進出していった。

進出していきなり難局に直面

　ところが，2001年から始まった日系各社の中国進出は，いきなり難局に直面した。中国の電気通信業は，1990年代から絶えず市場構造の改革や競争メカニズムの導入を行ってきた。しかし当時，外資系企業が中国で携帯電話を生産・販売するには，中国政府から許認可（正確には「経営ライセンス」と「生産許可証」）を取る必要があった。これらの許可証を交付されたメーカーのみが，認可されたブランド名の製品を生産することができる。さらに当時の信息産業部のネットワーク試験（入網試験）に合格した後，市場で販売することができるという状況だった。

　しかし，後述のように，当時の日系各社はこのようなライセンスを持っていないだけでなく，中国市場参入も欧米各社より後れを取った。この状態での単独参入は認められず，地場の中国企業と組んで「共同ライセンス」を取得するほかに手がなかった。

　2000年代前半，中国の携帯電話市場はほとんど，欧米，韓国と中国産の3グループのブランドが占めているという状況だった。図表Ⅱ-4から明らかなように，日系各社の存在感は小さい。参入時期もかなり後発となっている。このような時期にしかも圧倒的に不利な市場構図の下で参入していくには，デザインや機能といった商品力のみならず，販売チャネルの構築を含めた現地の強力なパートナーシップが必要であることは言うまでもない。結論的に言えば，これらの要素はどれをとってもうまくクリアしたとは言えず，後の撤退につながる大きな遠因となった。詳細は後述する。

　一方，日系各社の現地パートナーシップは戦略提携というより，中国市場参入のために現地メーカーと組んで経営ライセンスを手に入れることが目的であった。中国政府はこの点に気付いており，日系各社に対して技術移転を強く求めた。

　たとえば，東芝は中国の通信事業者との間で2000年に南京普天王芝通信

図表Ⅱ-4　2004年1～10月時点のメーカー別市場シェア

順位	メーカー名	市場シェア(GSM+CDMA)	順位	メーカー名	市場シェア(CDMA)
1	ノキア	17.0%	1	サムスン	28.6%
2	モトローラ	14.8%	2	LG	18.4%
3	サムスン	8.3%	3	モトローラ	14.1%
4	波導（Bard）	7.8%	4	中興（ZTE）	11.5%
5	TCL	6.8%	5	海信	8.6%
6	夏新	4.6%	6	ノキア	3.0%
7	康佳（Konka）	3.9%	7	三洋	2.7%
8	ソニー・エリクソン	3.9%	8	東信	2.5%
9	DBTEL	3.7%			
10	フィリップス	2.8%			

出所：CCID（賽迪顧問股份有限公司。中国政府系市場調査会社）

（東芝，南京普天，香港オンズの3社合弁）という合弁会社を設立し，2002年1月には新工場を完成させた。2001年10月に中国政府から電話機の製造権を取得したことを受けての対応だ。投資額は数億円規模で，北米市場で普及しているcdmaOne端末を生産し，全量を中国国内で販売する計画だった。当時の計画では2003年度には100万台の出荷を見込んでいた。

2001年当時，中国政府の許認可を取り次ぐために，東芝の経営幹部は何度も関係官庁（発展改革委員会と信息産業部）に出向き，合弁事業の説明を行った。発展改革委員会ハイテク司からは，技術移転を求められるとともに，合弁パートナーに香港のオンズが入ったことに強い不快感が示された。つまり，東芝は最新技術を持っているので，単独で中国市場に力を入れて欲しいという要望である。3社合弁では，意思の疎通や経営判断が迅速にできない恐れもあったからだ。

結局，このような心配は的中した。蓋を開けてみると，全くの鳴かず飛ば

ずに終わった。商品ラインナップ（市場投入の機種）はわずか2機種のほか，合弁相手との関係がうまくいかなかった。中国における販売チャネルの構築や広告などのマーケティングはほとんどできないまま，撤退の結末を迎えた。

東芝に限らず，日系携帯各社の中国事業が失敗した要因をまとめると，次のようになる。

自社技術や商品に対する過信

第一に自社技術や商品に対する過信である。日本の成功事例をもって中国でも通用するという意識が強くある半面，中国市場へのアプローチを見誤った。

というのは当時，中国の携帯電話は技術や規格の面において外資系への依存度が高く，新規格や次世代移行では，中国側の電信事業運営者（キャリア）と緊密な擦り合わせをする必要があった。この点では，欧米系の携帯電話メーカーは多数の中国人幹部や技術者を雇い，中国側とのコミュニケーション（技術規格の擦り合わせから人間関係まで）は支障なく，スムーズにできている。一方，日系の方は幹部や技術者のほとんどが日本人で，中国人通訳や現地スタッフの支援なしでは一般的な会話すらできない。

ここで言いたいのは言語の壁の問題だけではない。円滑なコミュニケーションができてこそ，相互理解を図り，情報の獲得と後のビジネスにつなげる効果を得ることができる。さらに，現地マーケットへの理解と有効な手立てを実現することもできる。結果は雲泥の差である。この課題は残念ながら，日系企業の中国現法はいまだに十分な解決ができたとは言えない。

日本の携帯は特異な事業モデル

第二は，周知のとおり日本国内の携帯電話は世界から見ても特異な事業モデルであるという点だ。すなわち，端末メーカーは最終消費者（エンドユーザー）ではなく，キャリア（NTTドコモ，au，ソフトバンクといった各社）向けの供給となっている。これは開発段階から，キャリアと端末メーカーの

共同作業により，規格づくりから，キャリアの持っている通信網へのテストまで行い，端末の完成品（携帯電話機）をキャリアに納める形をとっている。一方，携帯電話機の購入者はキャリアが運営している携帯ショップで端末機と通信契約をセットとして購入する。

このように，日本の携帯電話メーカーは最終消費者と「対面」することなく，専らキャリアとのやり取りのみのBtoBビジネスだ。このように，そもそも最終消費者への意識はそれほど強くない日系各社は中国進出する際にも，最終消費者である中国人ユーザーの嗜好やニーズを的確に理解することができなかった。理解しようとしないのではなく，そういう「習慣」がなかったというのが正確であろう。

これに対して，韓国勢は若者，特に女性をターゲットにする商品づくりに注力している。たとえば，携帯電話の裏側は反射性の材料を使い，鏡の代わりになる，明らかに女性消費者を意識した取組みだ。また色の種類も多くし，充実したラインナップのイメージを作り出している。一見して携帯電話本体（主要機能）からかけ離れたものであるが，顧客をつかむアプローチとして，あの手この手を考えている。「顧客第一」というのは当たり前のことだが，日系企業は海外に出た途端，なぜかその意識が薄れてしまったように思える。

第三は，合弁パートナーとのつまずきだ。前述のとおり，日本の携帯各社は中国での生産販売ライセンスを取得するために，現地パートナーとの合弁事業を行わざるを得ないのだが，最初からあまり積極的ではなかった。

さらに，欧米韓国勢より後発になったため，中国政府から勧められた合弁相手は二番手，三番手の会社がほとんどだった。これらの会社の多くはもともと国営の通信工場で，かつ携帯電話の技術やノウハウはほとんど持っていなかった。

しかし，合弁となった以上，ある意味では結婚と同じで，どんな相手でも共同して未来を切り拓いていくという意気込みがなければならない。目の前のこと（四半期や半年の業績）だけでなく，中長期の視野をもって臨む必要があろう。

やや結果論的な言い方だが，日系各社の中国における携帯電話の売れ行きが全く冴えず，一時は在庫の山となった。こうした状態の中で，とても将来をどうするか考える余裕はなくなり，すぐに合弁事業の終息や撤退を考え始めた。その結果，中国側との条件闘争（離婚調停）が始まり，泥沼にはまってしまうという悪循環に陥った。

経営の現地化の遅れ

第四は，これも各社でかなり共通しているが，経営の現地化だ。確かに，日本企業の中国進出は1990年代まで遡ると，かれこれ30年近く経っている。多くの日本企業は並大抵でない努力をして，市場展開と経営の現地化に取り組んできた。その努力や費やしたエネルギーは賞賛すべきだが，結果はどうだったか。すなわち投資対効果の面では，まだ物足りないと言わざるを得ない。経営の現地化というのは進出してから考えるのではなく，海外に出る前に当該地域の事業戦略とともに，その一環として検討すべきではないか。

1990年代，冷戦の終結とインターネットの普及に伴い，かつてないほど人の移動と通信の発達が世界中に広がり，グローバルビジネスを展開する多国籍企業にとって「国際分業」は必須の経営活動となっている。このような状況の下で，中国への進出と事業展開は現地法人を作ってからではなく，構想の段階から考えていかねばならない。中国の現地事情に合わせるだけでなく，中国にある潜在性をいかに引き出すかが，重要なポイントになるのではないかと思う。

その潜在性というのは市場規模や経済成長などのマクロ的な観点にとどまらない。現地パートナーとの連携や，現地社員の力をどう発揮するかを含め，トータルなソリューションを作り上げる必要があろう。これは現地に赴いた駐在員だけでなく，本社の経営幹部，あるいは本社社長自ら経営の課題として検討すべき内容だ。

その後：現在の携帯電話市場

以下図表Ⅱ-5，Ⅱ-6に示したように，2017年現在のスマホの世界市場は，14億台超の出荷台数となっている。上位はサムスン，アップルのほか，中国勢のファーウェイ，OPPO，vivoとシャオミの躍進が目立っている。

一方，日本の国内市場はアップルが約半分を，そして残り半分を日本各社が占めており，日本各社合計では約1,700万台だった。これはファーウェイ1社の約10分の1という数字である。もちろん，台数の規模がすべてを語るわけではない。しかし，市場における存在感と認知度，またグローバルに展

図表Ⅱ-5　スマートフォンの世界市場シェア（2017年）

ランキング	会社	出荷台数（百万台）	市場シェア(%)
1	サムスン	319.2	21.9
2	アップル	221.5	15.2
3	ファーウェイ	157.4	10.8
4	OPPO	110.8	7.6
5	vivo	96.2	6.6
6	シャオミ	93.3	6.4
	その他	459.1	31.5
	合計	1,457.5	100.0

出所：Trend Force（2018年2月）

図表Ⅱ-6　スマートフォンの日本国内市場シェア（2017年）

ランキング	会社	出荷台数（千台）	市場シェア(%)
1	アップル	15,892	47.5
2	ソニー	4,566	13.7
3	シャープ	3,346	10.0
4	京セラ	3,031	9.1
5	富士通	2,181	6.5
	その他	4,417	13.2
	合計	33,433	100.0

出所：IDC Japan（2018年2月）

開するベースとして世界範囲のバリューチェーンを構築しなければ,海外進出は単なる絵空事に終わってしまう。

さらに,スマホ端末というハードにとどまらず,SNSからライフスタイルの隅々までのニューエコノミー,たとえばシェアリングサービス,モバイル決済などのサービスの創出と展開において,日本企業の存在感は著しく薄い。

2020年の東京オリンピックまでに,第五世代(5G)の商用化が始まると言われている。通信速度と容量は格段に向上する見通しで,それをベースにさらに多くの新規サービスや機能が登場してくると予想される。日本企業は単独の閉じた世界ではなく,海外企業との相互補完によって新規ビジネスを検討していく必要があろう[19]。

4 進出日本企業はEV時代を乗り越えられるか

(1) 自動車産業を取り囲む環境

中国がモビリティの大変革をリード

自動車産業は今からおよそ130年前にガソリンエンジン車が誕生して以降,たゆみない技術革新によって普及が進み,20世紀以降,世界各地でモータリゼーション社会が登場するなど着実な成長を遂げて来た。

しかしながら近年では,自動車の増加に伴ってさまざまな課題が見えてきたのも事実であり,課題解決に向け,自動車が今後いかにして地球との永い共生を実現していくか,新しい自動車社会の姿を考えなければならない大転換期を迎えている。

共生の実現には,自動車によって生じる環境や安全という課題にいかに取

---

[19] 参考文献:①朱暁鷹,山田昌孝「中国の携帯電話の普及実態」『京都マネジメント・レビュー』第3号(2003年),②国務院発展研究センター企業研究所「中国携帯端末産業の発展状況・趨勢と産業政策の展望」(2005年)。

り組むか，車の利便性をどう高めるかが，鍵になっている。そこで各国政府は次世代自動車へのシフトを本格化しつつあり，ゼロエミッション車[20]の導入促進や，ガソリン・ディーゼル車の生産・販売を将来的にゼロにしようとする動きが加速しており，各自動車メーカーは環境車の開発を急ピッチで進めている。

また，多領域にまたがる課題のソリューションとして，ビッグデータ，人工知能など，昨今，進化の著しい新技術を活用したコネクティド[21]技術・ICV[22]技術の開発も加速している。各国政府，各自動車メーカー等は，"CASE"すなわちC（Connectivity），A（Autonomous），S（Sharing），E（Electricity）という，クルマを起点としたモビリティの大変革に取り組んでいる。

中国も先進諸国同様，次世代モビリティの開発・普及に向けた取組みを積極的に進めており，このモビリティの大変革では，世界最大の自動車市場である中国が産官学の連携の下，世界をリードしていく可能性が高いと見られている。

（2）中国の取組み

2030年の自動車生産，3,800万台目標を実現か

中国の自動車市場はこの10年間で約4倍以上に急拡大し，2009年には米国を抜き，世界最大の自動車市場へと成長した。2017年の自動車販売台数は2,888万台，対前年比3％増となった。中国の自動車市場は今後どこまで成長するのか，2016年10月に公表された「省エネ・新エネ車技術ロードマップ」では，2030年の自動車年間生産・販売台数の目標を3,800万台としている。

---

20 走行中に二酸化炭素を全く排出しない自動車のこと。電気自動車（EV）や燃料電池車（FCV）などが該当する。
21 「インターネットに接続された」という意味。コネクティドカーとは，インターネットに常時接続機能を備えた自動車のこと。
22 Intelligent Connected Vehicleの略。

図表Ⅱ-7　1,000人あたりの保有台数（R/1,000）と保有総台数（2017年）

	中国	米国	日本
R/1,000（台）	112	752	485
保有総台数（億台）	1.6	2.7	0.8

出所：各国統計データをもとに筆者作成

都市部での自動車総量規制や乗り入れ規制のネガティブ面がある一方，経済成長による所得の伸びや現在の保有総台数，1,000人当たりの保有台数（R/1,000）から見ると，2030年の自動車総市場3,800万台は現実的な予測と思われる（図表Ⅱ-7）。

また，自動車市場が着実に拡大する一方，乗用車の普及進展，価値観変化等により，中古車・シェアリングに対するユーザーの受容度が向上し，自動車ビジネス領域は多様化していくと見られる。

2030年に新エネ車は40～50%へ

中国政府は2015年に「中国製造2025」を公布し，製造強国として，台数のみならず質的にも世界の先頭に立つという方向性を打ち出した。それを具体的に推し進めるための「省エネ・新エネ車技術ロードマップ」（2016年10月）を定め，省エネ車，新エネ車，ICV・自動運転の領域において目指す姿を示した。

このロードマップで示された発展目標をいくつか挙げると，2030年の自動車年間生産・販売台数が3,800万台，新エネ車（PHV[23]，EV，FCV）の年間販売台数が自動車全体の40～50%，省エネ車（HV等）の年間販売台数が自動車全体の50%以上となっている。また，エネルギー・環境問題への対応として，当面はEVを推し進めつつ，将来的にはFCV（燃料電池車）の発展も

23　PHVはPlug-in Hybrid Vehicleの略。専用の充電施設だけでなく，家庭用電源などから直接，バッテリーに充電ができるハイブリッド自動車。

図表Ⅱ-8　各国EV・PHV販売台数（2017年）

国	販売台数（台）
中　国	57万9,000
米　国	19万8,350
フランス	11万8,770
ノルウェー	6万2,260
ドイツ	5万4,560
日　本	5万4,100

出所：IEA（国際エネルギー機関）

狙うとともに，自動車に関わる課題を効率的に賢く解決する手段としてのICVについても積極的に取り組むことが示されている。

　中国政府は新エネ車，省エネ車の普及促進を図るために燃費規制，NEV（New Energy Vehicle）規制を推進している。燃費規制については，自動車全体の平均燃費規制を強化させる。2020年に向けた第四段階燃費規制はすでに始まっており，2020年に3割程度の燃費改善が義務付けられている。第四段階燃費規制の目標値（5.0l/100km）は先進国と同水準であり，目標の達成は容易ではないが，ダウンサイジングエンジン・直噴ターボエンジン，ハイブリッド車の投入など，燃費規制に適合する商品ラインナップの拡充が中国市場で生き残る重要な要素になると思われる。

2019年からNEV規制スタート

　2017年9月に公布されたNEV規制は，2019年から3万台以上を生産・輸入販売する乗用車メーカーに一定割合で新エネ車の生産，販売を義務付けるものである。このため，中国で生産，販売拠点を持つ自動車会社は，NEV規制の対応策としてPHV，EVなどの新エネ車の開発，生産，販売準備を急いで進めている。

　中国の新エネ車市場は購入時の補助金支給，優遇税制，総量規制の対象外

といった政策の後押しもあり，2017年には新エネ乗用車（EV，PHV）の販売台数が57.9万台となり，米国の約3倍の規模となっている。

　2019年からスタートするNEV規制が中国の新エネ車市場を下支えすると見られるが，「省エネ・新エネ車技術ロードマップ」で示した2020年に新エネ車の販売台数200万台～300万台の目標達成には，電池のコストダウンによるEV価格の大幅な引下げに加えて，ガソリン車並みの航続距離の実現，高速充電設備の拡充など，ユーザーの利便性を高めるブレイクスルーが必要になる。2021年以降は政府による新エネ車購入時の補助金の支給がなくなる予定であり，大幅なコストダウンは新エネ車の普及促進の喫緊の課題であると言える。

ベンチャー企業，異業種からの新規参入が活発化

　中国政府が新エネ車市場規模の拡大を後押しする中，自動車業界ではNEV製品の開発・生産・販売をめぐって，資金，人材の流動が激しくなっている。既存自動車メーカーによるNEV製品の市場投入が増える一方，ベンチャーEVメーカー，異業種からの新規参入が増加している。

　最近，小鵬汽車，蔚来汽車（NIO），雲度新能源（Yudo），奇点汽車（Singulato），威馬汽車（Weltmeister）等が注目を集めているが，これらベンチャーEVメーカーの特徴としては，斬新なデザイン，コネクティド・自動化運転技術の搭載など，単なるEVではなく，新たなモビリティ商品価値を提供していることが挙げられる。

　また，百度（B），アリババ（A），テンセント（T）などの世界的IT大手が次世代モビリティ領域に積極的に投資をしている。ベンチャーEVメーカーは「BAT」などから融資を受けて，開発拠点をグローバルに展開するとともに，人材を世界各地から集め，比較的短い期間で魅力的な商品の開発を行っている。

　中国ITの巨人とベンチャーEVメーカーの合従連衡によって中国の次世代型モビリティはダイナミックに変化する可能性があり，これまでの日米欧の

自動車メーカー主導の"自動車産業"は大きな転換期を迎えつつある。

（３）外資自動車メーカーの動き

中国の電池メーカーとの協業が成否のカギ

　グローバルな電動化の進展および中国政府の新エネ車の普及政策に呼応して，外資メーカーの動きが活発になっている。VWは2017年に江淮汽車（JAC）とEV生産の合弁会社を設立した。VWグループは，「2020年までに15車種，2025年までに40車種の電動車両を投入し，総額100億ユーロ（約１兆3,300億円）の投資を計画している」ことを2018年４月に発表した。また，直近では2018年７月，米テスラモーターが上海に独資で年産50万台規模のEVの組み立て工場を設立すると発表した。日系自動車メーカーのトヨタ，日産，ホンダもPHV，EVの中国市場への積極的な投入を発表しており，中国事業へのリソーセスのシフトを明確にしている。

　電動車には品質，コストに優れた電池の確保が不可欠である。外資自動車メーカーは世界最大手の電池メーカー，中国寧徳時代新能源科技（CATL）などの中国の電池メーカーとの提携を相次いで公表している。中国の電池メーカーの存在感が際立って高まっているとともに，中国の電池メーカーとの協業が，中国ビジネスの成否のキーファクターになると見られている。

　今後，中国で自動車ビジネスを展開する上で，外資への規制緩和は事業戦略に大きな影響を与えるものと思われる。2018年４月ボアオ・アジアフォーラムで習近平国家主席は「自動車業界の外資持ち株比率制限の緩和加速」に言及し，その後，2018年版「ネガティブリスト」において自動車産業の規制緩和を公表した。

　その内容は「2022年に，乗用車の完成車製造で外資の比率制限を廃止し，かつ同一の外資企業は国内で，２社または２社以下の同一類の完成車の合弁企業を設立することしかできないという制限を廃止する」というものである。これまで外資メーカーの中国事業戦略の制約となっていた規制が数年以内に撤廃されることは，外資メーカーにとっては戦略構築の選択肢や自由度が高

まる一方，従来の中国国内の自動車メーカーとの協力関係が大きく変化することになる。

今後，外資メーカーが中国市場で生き残るためには，外資への規制緩和を取り込んだ中国事業のリストラクチャリング（再構築）が，より一層重要になってくると思われる。

5 日本的経営の再考

日本的経営にはプラス面もあるが，対中ビジネスではそのマイナス面がいろいろと指摘されることが多い。ここでは，(1)現地の中国人人材をどのように活用するか，(2)現地化を徹底するか，本社のコントロールを維持するか，(3)意思決定と実行までの過程とスピード，という3つの問題について考えていきたい。本書執筆の母体となっている中国ビジネス事情研究会のメンバー各社から，成功・失敗の事例をできるだけ多く取り上げるとともに，今後のグローバル展開の中で何が求められているかについても言及していきたい。

（1）現地の中国人人材をどのように活用するか

中国進出に際して，本社の子会社管理の中心となるのは，何といっても人事問題である。中にはトップ自ら対中進出に積極的で，陣頭指揮して目覚ましい成果を挙げた会社もある。しかし多くの進出企業は，現地化をどこまで推進するかで，大いに頭を悩ませている。中国人の人材を用いるのは必要だが，どこまで彼らに仕事を任せればよいのか。まだ迷っているところは見込みがあるが，中には戦線縮小，撤退を選ぶ企業も増えている。

しかも時代は大きく変化している。グローバル化の中で，これまで日本企業が中国で展開してきた手法には，もはや通じないものも少なくない。発想を新たにして取り組んでいかなければ，取り残されてしまう。

現地子会社の人事制度も本社人事制度との融合をめざして幹部選抜制度を

実施してきたが，その後の日中関係の冷え込みによってビジネスの機会が縮小するなど，ほんの一部の現地幹部人材を除き，人材は切り捨てられてきているのが実態だ。

ナショナルスタッフが頑張らないと，将来はない

　ナショナルスタッフが頑張らないと，将来はない，との考え方から，現地化を徹底的に推進しているのが航空会社のA社である。

　これまで日中間のエアラインは基本的には航空協定の枠内，つまり政府間で処理されてきた。ナショナルスタッフも直接は雇用できない。メーカーはできるが，エアラインはできない。民航系列の派遣会社を通してやっている。優秀なスタッフがいてもエアラインから勝手に賃金を上げられない。ボーナスも直接渡せない。

　だが同社は17年前に欧米の赤字路線を全部切り捨てて，アジアナンバーワンの経営理念を打ち出し，中国にシフトした。そのために必要だったのは，現地化の推進だ。ナショナルスタッフが頑張らないと，将来はない。

　同社の外国人社員第一号であるSさんは，2つの提案を行った。1つは営業マネージャー，総務マネージャー，整備マネージャーが中国に行く前に，中国を理解してから行くようにしたこと。もう1つは語学研修である。平社員は1年間，上海の復旦大学で語学研修させた。それから営業マネージャー，総務マネージャーは，北京対外貿易大学のビジネススクールで4カ月間，研修させた。この研修システムは社内で大変好評で，6年間続けた。その後コスト削減で中止になったが，Sさんは復活させたいと思っている。

　中国では中国語が使えないと商売は難しい。チケット販売は，最近ではネット経由が増えてはいるものの，それでもなお6割が従来からの流通ルートである。特に団体チケットは，すべてが流通ルートでの販売だ。本格的にビジネス展開し，中国マーケットに食い込むには，現地化が大きなポイントになる。

　同社は現在，中国本土だけで11支店あり，ホームスタッフは約110名，ナ

ショナルスタッフは約1,200名いる。特に業務量の関係で，上海の人員配置が多い。コミュニケーションの問題を抜本的に解決するために，1998年から中国人の客室乗務員を採用している。このほか，東京で採用して中国に派遣する中国人の嘱託職員も増やしている。

現法社長を全員，中国人に

建設機械メーカーB社の現地法人は9社ある。ある社長の時代に，現法社長は全員中国人にし，日本人のホームスタッフは彼らをサポートせよとの指示が下った。彼は常務のときの現地工場での経験から，中国人の活用が不可欠だと認識して，社長になってから徹底した現地化をはかった。

今から20年以上前の日中投資促進機構の役員懇談会で，B社の出席者から「わが社の販売機械にGPSを設置して稼働状況を把握するアイデアは，現地法人の中国人スタッフの発案です」との発言があった。

通訳には賢さと謙虚さが必要

もっとも中国人人材の育て方には，各社ともに苦労が絶えない。多くの中国進出企業は，本社に中国語要員を抱えているが，中国語要員の確保は，日本語レベルだけでなく，人格，協調性，教養，勤勉さ，向上心なども重視しなければならない。よい通訳を育てるのは，必ずしも簡単ではない。よい通訳は，中国人や中国の要人との交渉の重要なポイントとなる。

中国人からも親しまれる賢くて謙虚な通訳の養成は，中国ビジネスでは大変重要である。たとえば中国要人との会見で，日本のトップが「台湾」と言った時に，すかさず「台湾省」と通訳すると，中国要人はとても安心する。また，日本のトップが中国要人に「髪の毛も黒々でお若いですね，秘訣は何でしょうか」と言ったら，すかさず「若々しいですね，羨ましい限りです」と言い換える気転が必要である。というのは，中国要人の大半は髪を染めているので，こうした会見の場では，髪の毛の話題を避けるのが常識と言われているからだ。

中国人登用では，言語能力を重視し過ぎないように

　また本社役員が中国に駐在したとき，日本語ができる中国人職員を重用する傾向が見られるが，これは問題を起こす原因となりやすい。逆に中国人登用の際に，言語能力をあまり大きなポイントにすべきでない。それを条件にすると，選択肢は半減すると考えるべきである。これは現地派遣の日本人マネージャーが陥りやすい欠陥と言えよう。

　もちろん，日本語ができる中国人職員が精進して昇給・昇格する例はよくある。日本語を努力して覚えて（もともと日本語ができた人もいるが），今では現地法人のトップになり，日本本社の取締役に就任している例も複数ある。誰もが実力を認める人材であれば，むしろどんどん登用すべきだろう。

本社で採用し，数年は本社の企業価値を体現させるべし

　現地採用からの昇進者が，自分の会社の企業文化や経営理念を理解することは難しい。本社で採用し，数年は本社の企業価値を体現している「インターナショナル社員」の駐在員がベストだ。もっとも，そうした形での社員の採用，育成ができている企業は多くはない。

　ある社では，大阪の大学卒の中国人を初めて駐在員として中国に送ったが，結局帰任時に日本に戻らず，中国で退職してしまった。こうした例があったため，この会社では現地へ中国人を送り出すことに躊躇するようになってしまった。もちろん，日本に戻ってのキャリアアップの魅力がないのも弱いところではある。この社では，採用計画の段階で，グローバル人材を採用するということも，まだできていないという。

意識の低い日本人マネージャーは，早く交代させるべき

　人材育成は技術，生産管理，経営管理などすべてにわたる最重要課題である。オンザジョブトレーニング（OJT），海外研修・海外出張など，本社がやっていることを躊躇なく中国現法でもやれるように，初めから規定を作っておく必要がある。それとともに，日本人マネージャーの意識が重要になっ

てくる。本社トップは絶えずこの点をチェックして，意識が低いマネージャーは，早く交代させるべきだろう。

　本社から派遣される駐在員の質が，時によって現地採用の幹部社員よりも劣っているにもかかわらず，職制上は上司として位置付けられるなど，現地社員からすると夢破れ，自ら依願退職も辞さない状況も多く生まれている。

中国人職員を客観的に評価する仕組みが必要

　中国人職員が挙げた成果を，客観的に評価する仕組みづくりも大事である。日本人マネージャーは自分の出世より，中国人の訓練，教育，登用に意を用いるくらいでないと，中国人はやめてしまいがちだ。これをうまくやれた日本人マネージャーを正当に評価し，登用する本社の人事制度も重要だろう。

　ある邦銀では，中国人職員が本気で働けるように，現地支店の運営方針として「中国の経済改革，対外開放政策に協力する」「日本企業の中国進出を全面的に支援する」「進出すれば必ずトラブルが発生するので，トラブル解決に力を入れる」「今進出している企業がハッピーでなければ，みんなは中国に進出しない」を定めた。

　別の会社では，「私たちは（We are）」と現地採用社員に呼びかけ，本社正社員との一体感を持たせ，経営課題をともに追いかけた時期がある。ところが，結局は現地発案も本店の都合で取捨選択されることが多く，一体感の醸成は難しかった。

中国人人材に国家試験の壁

　航空会社の場合，整備・運送担当は日本の国家試験を受けなければならないという壁があるので，中国人人材を登用しにくい。中国の民航局の試験ではだめなのだ。日本では航空局による毎年の監査があるので，中国人スタッフは日本に来て日本の免許試験を受けてライセンスをとらなければいけない場合もある。マネージャーや総務，営業は増えてきているが，空港の管理職登用にはそれぞれ国家試験があるので，難しい面もある。

中国人に任せていけるような体制を作らないとならないはずなのに,有能な現地人材を採用することができない,採用するのは日本語ができるスタッフに限ってしまう。仕事をあまり任せないため,現地スタッフは,自ら考え経営全体を見ながら仕事ができるような人材には,なかなか育っていかない。

このほか,「日本側で国際事業に対応できる人材を育てる制度や考えがない。言語はもちろん,現地に赴任し経営ができる人材を育てることを行わない。研修制度がなく,提案しても予算がつかない」「日本本社の人事制度や評価は日本中心であり,海外現法がそもそもの仕組みに入っていない。特に管理数字の達成の厳しさの差もあるが,達成評価などの印象的な評価で日本にいる管理者が上位点を取る傾向が強い」「海外の評価が個人に委ねられる場合が多く,現在の評価者の退職,異動により駐在員の力量が継続的に理解されることは難しい。現地の日本人駐在員も本社からの評価ばかりを気にしているケースが多く,現地に根付く経営ができていない」など悩みは尽きない。

(2) 現地化を徹底するか,本社のコントロールを維持するか

「現地化」に関する日本国内の議論も,主流はいまだに日本の製造業が中国市場で製品競争力を有していた1990年代の現地法人組織を前提にしている。

そもそも,現地子会社の権限そのものも,本社のそれと比較すれば小規模であり,できるだけリスクを負わせないようにしているところが圧倒的に多い。

現地への権限移譲が不十分

現地への権限移譲と経営の現地化はあまり進んでいない,という進出企業が多い。初代の責任者は本社から派遣された日本人だったのでうまくいった。ところが責任者を中国人に代えていくためのステップを踏もうとしても,育成の仕組みはできていない。本社の人事制度は依然として日本国内中心で,海外の現法社員を含めたグローバル展開に必要な制度が設計されていない。

ある企業グループの集計では，現地幹部の割合は課長クラス80％，部長クラス40～50％，社長クラスは5％以下と，ここ10年で大きな変化が見られない。優秀な現地社員は現地の経営に参加させ，もっと高いロイヤリティを生み出すべきなのに，硬直的な人事制度の壁により阻まれている。
　あるいは，本社側の抵抗勢力により，現地化の芽が潰されたケースもある。他方，現地に任せると，確かに暴走や不正のリスクがあるなど，いずれにしてもいい循環にはなっていない。
　中国事業がうまくいっている会社の多くも，理想的な現地化の実現には，10年近い年月と試行錯誤を経験している。

管理規定を現地に押し付ける

　本社では，さまざまなリスク等に対応するための規定が定められており，日本の国内においてはそれなりに機能している。本社は機能させるに十分な事業規模があり，法務，経理，総務，人事担当がいるが，中国現地法人となると，そうはいかない。ある会社では，日本人2名＋現地社員数名からスタートしたため，本社の規定に則って対応するためには相当な業務割り当てが必要となる。そうすると，営業など肝心の事業推進のための時間が限られてしまう。
　本社の管理規定をそのまま押し付ける例は，枚挙にいとまがない。まずは四半期決算，3月末本決算という日本の本社の制度に合わせて，中国現地法人では書類を本社提出用に書き直さねばならない。中国の税務に対応した決算資料を，すべて日本の様式に合わせて作り直さねばならないのだ。
　中国法人である限り，中国会計・税務を遵守して会計マニュアル，決算マニュアル，帳簿様式を作るのは当たり前であろう。中国現法の会計報告，決算報告を日本の本社に合わせる二重作業を避けるには，日中の決算，会計処理を転換するシステムを作るほかない。
　リスクコンプライアンスの面でも，本社の制度をそのままあてはめる例がある。専任の担当者がほぼいない現地法人に，日本と同じ規定をあてはめて

いるため，処理が間に合わない。その結果，本社の社内監査で「規定どおりの運用ができていない」という指摘を受け，その対応でさらに資料作成や対応策の提出に向けた時間を無駄にすることになる。

　各種社内規定について，最初は本社の規定のコピーや孫引きもやむを得ないかもしれない。だができるだけ専門家や中国事業の経験者の話を聞いて，中国現法がスムーズにいくために工夫する必要がある。とりわけ現地の事業が安定してくれば，中国現法が円滑に業務ができるように改善することが必要である。これを「手直しはやめろ」という本社があれば，説得して変えていかねばならない。

現法での計画立案の必要性

　中国現法の理想は「中国企業」化を実現し，中国における50年企業，100年企業を目指すことではないだろうか。日本で実現したことを中国でも実現しようとする方向性を日本，中国（合弁でも，独資でも）双方で共有することだ。これが子会社管理の基本となれば，おのずからやることは決まってくる。

　5年，10年でできることではないので，より長期的，計画的にタイムスケジュールをえがくことからスタートしなければならない。製品寿命の変化，中国市場環境の変化，中国の法令の変更，日本の親会社の業績の変化など，諸条件の変化や見通し変更にも柔軟に対応して，時々見直すことも大事になってくる。

　このことを念頭に，何をいつごろまでにやるか，最初に初歩的計画を立て，日中双方でそれに沿って，計画的に事業を展開する必要がある。半期一度の業績報告でも，方針の進捗状況を必ず確認することが大事である。日常業務推進でも，計画との整合性を意識する習慣を関係する幹部が身につければ，しめたものと言えよう。

　何を計画に織り込むか，具体的項目，テーマをリストアップして，それぞれの完成スケジュールをえがくことが大切だ。項目，テーマは業種，事業形態（合弁，独資），日本の会社の経営方針，経験などにより，各社さまざま

でよい。ただ中国特有の人事管理の進め方，市場特性，風俗・習慣を考えながら「実現可能性」も考える必要があろう。

現地での意思決定は，50年，100年企業を目指すには避けて通れない。5年計画ぐらいでやるとよい。そのために意思決定のできる人材（優秀な幹部，役員クラス，将来の役員候補）を派遣する，意思決定するための条件・マニュアルを整備するなど，ソフトインフラ整備が前提となる。

権限を委譲できるものとできないものとを区分けする

もっとも，権限移譲にも限界があるのは確かである。基本的に，事業戦略は本社が策定し，子会社は本社が立案した戦略を実行するのが役割分担となろう。「現地主体経営」と言いつつも，日本人の経営管理層が主体とならざるを得ない。

現地に裁量権を持たせるとすれば，中国の統括会社に本社の専務クラスを常駐させることだ。そうすれば，現地でかなりの裁量を持って実行計画を策定できる。ローカルスタッフについては，中長期（5〜10年）の育成計画を作成し，徐々に経営の現地人化を進めていくほかない。

こんな意見もある。「意思決定すべき内容にもよるが，まずは権限委譲できるものの整理と，委譲できないものについては着実な判断を残しつつ，スピードアップを図るべき」「本社と現地法人の意思決定権限は，方向としては現地化だが，業種，製品，時期等により一概には言えない。もちろん意思決定のスピードは重要だが，単純にトップダウン型の中国企業と集団型の日本企業のスピードを比較しても，あまり建設的な議論にならない。重要なのは，日本企業（各社）がデジタル化等の環境変化の中で，どこにポジションを取るかという戦略を，常に見直していくことだ」などである。

（3）意思決定と実行までの過程とスピード

日本企業の意思決定が遅いのはやむを得ないと，現地ではあきらめに似たムードが漂っており，改善に向けてのステップが踏まれていない。

「現場の提案，発信は歓迎されるが，意思決定はあくまで事業部ごとの本社が最終意思決定者である。数少ない現場ファイナルの案件でも本社への報告了承マターとなる」「日本企業の意思決定が遅いということは以前よりよく言われること。全体としてスピードアップも図られているものの，権限委譲もそうだが，本社決裁においても，特に中国等のオーナー企業と日本のサラリーマン企業では，意思決定と実行までの過程にスピードが違うケースは今でも見られる」などである。

現地責任者の権限が限られていることも，意思決定が遅い原因となっている。本来は執行役員，取締役クラス（現地で意思決定できる人）が現地でやるべきなのであろう。意思決定が遅いために，「中国で商談する際は，相手は総経理か董事長（その場で決断できる人，その場で金を出すか出さないか決断できる人）が出てくるため，こちら側は，意思決定する権限がない人だと相手にされない。または信用できないということで商談が成立しない」という事態が頻発する。

本社幹部の対中意識の低さや疑念が背景に

本社幹部の対中認識の低さや疑念が背景にあることも少なくない。「羹に懲りて膾を吹くではないが，例年繰り返される新しい失敗事例に対し，一般日本人に潜在的に横たわる中国社会，取引構造への疑念が，現地主導の行動パターンを遮っている。そこには中国の制度の変化や法律改正などの変化についていけないフラストレーションが存在することも無視できない」。

「本案件の重要度により，現地法人で判断できるものと，本社の会議体（ものによって複数の会議）において意思決定するものがある。したがって案件の重要度が高まれば，意思決定にかかる時間は長くならざるを得ない」とスピードにも限界があるとの指摘もある。

逆に「中国代表が本社常務取締役であることから，トップとのコミュニケーションがしっかり行われており，連携が取れている」という場合には，スピードも速くなる。

III 新局面の中国ビジネス: ヒントを探る

1 トップ経営者に聞く

（1）川名浩一（かわな・こういち）：日揮株式会社副会長

　日揮はこれまで世界80カ国余りで累計2万件にも上るプロジェクトを手掛け，世界有数のエンジニアリング会社となっている。その先頭に立ってきたのが，川名浩一氏だ。
　1982年に日揮に入社。入社して3カ月後には，インドネシアに駐在していたという。その後，アブダビ事務所長兼クウェート事務所長，ロンドン事務所長など海外での経験は十数年に及ぶ。2011年から2017年までは代表取締役社長も務めた。
　社長在任中の2013年1月に起きたアルジェリア人質事件では，自らが現地に赴き，テロの犠牲となった社員に哀悼の意を表した。慶應義塾大学経済学部卒業。大学時代は相撲部に所属していた。

中国はクライアントやパートナーに

　問：日揮と中国との関わりはどのようなものか。

　日揮はもともと国内の仕事が中心だったが，1960年代に入ると早くも海外に飛び出していった。日本の中ではいち早く海外に進出した企業の1つだと思う。近年は売上の80％超を海外で稼いでいる。

日中国交正常化を受けて中国にも進出し，石油精製，化学，医薬品などのプラントを70～80も作ってきた。ところが中国国内でのプラント建設は彼らがキャッチアップしてきて，自分で作るようになった。今は中国との付き合い方も変わってきて，中国国内では主に技術提供，中国国外ではプロジェクトでのクライアント（得意先，顧客）やパートナーとしてお付き合いするようになっている。

　日揮は世界における液化天然ガス（LNG）の3分の1超のプラントを設計・建設している。日本は年間8,500万tくらいのLNGを輸入しているが，その半分くらいはマレーシア，豪州など日揮が手掛けたプラントからだ。

　最近注目されるのは，世界各地で手掛けているLNGプロジェクトのクライアントの出資者の中に，必ずと言ってよいほど中国企業が入ってきていることだ。中国のエネルギー需要は大きく，今後もこの傾向は続くだろう。

　中国がパートナーとなっている一例を紹介しよう。日揮が建設している豪州，ロシア・北極圏，カナダなどでのLNGプラントでは，「モジュール工法」[24]を採用しているが，最近は中国の企業と提携するケースが増えている。中国の企業は大型の自前ドックを持ち，巨大で複雑なモジュールを製作することができるようになった。これによって私たちもプラントを経済的に効率よく建設できるようになる。中国にもそうした技術を持つ企業が育ってきたということだ。今までは韓国に製作を依頼していたが，今は中国にもお願いしている。

　問：パートナーとなっている会社は国有企業だと思うが，中国の国有企業との付き合いは難しくないか。

　特に難しく感じたことはない。かれらも海外に仕事を展開していきたいと熱を入れている。彼らの中にはこれまで自分たちの国からワーカーを連れて行って，自分流でやっていたが，最近はワーカーも現地で調達し，国際標準

24　ドックでプラント部材を使って高さ数十m，重さ数千tの巨大な装置を製造して建設現場に運び，現地でブロックを組み合わせる要領でプラントを建設する工法のこと。

で現地に合わせるところも出てきた。

　ある中東の経営者が、「日本人はきちっとやってくれるが、欠点はリスクから入ること、それに決断が遅い」と指摘する。一方、中国については「オポチュニティから入っていく。とにかくトライしてみる。決断も早い」と言っていた。それは国有企業でも同様に感じる。

中国がファイナンスしないと動かないケースも

　問：中国は今豊富な資金を持っていて、海外プロジェクトでもふんだんに資金を投入してくるが、日本はこれに対抗できるのか。

　2000年代に入ると中国は高い価格でエネルギー資産を買いまくっていたが、2014年ごろまで100ドルを超えていた原油価格が急落し、中国勢による買いも影を潜めたように見えた。

　ところが最近は調整が進んだのか、またいろいろな国で中国が買いに出ている。これから必要とする資源に対しての購買意欲は引き続き高いかなと思う。アブダビの鉱区権益などでも中国資本が入ってきている。ロシアのLNG開発も、買い手（オフテイカー）は中国になってきている。出資もファイナンスもやる。中国がファイナンスしないと動かないというケースもかなりある。日本は国際協力銀行（JBIC）や日本貿易保険（NEXI）のファシリティを最大限有効に活用すべきだろう。

　問：中国とのビジネスでは、相手側がなかなか資金返済をしてくれない、といった問題があったが、今はどうか。

　ほとんど問題はない。我々が付き合うのは、多くがグローバルなコンソーシアムになっているので、中国の固有のリスクはあまり感じない。

原子力発電や石炭火力は中国が優勢

　問：中国は国家開発銀行や中国輸出入銀行が中心となって、世界各地で活発に動き始めている。アジアだけでなく、中南米でも中国が各国に猛烈にアタックしている。ある会合で、このまま日本政府が傍観していたら、世界は

全部中国に持っていかれてしまう,というこれまでになかったような意見も出ていた。

エネルギーは,新興国ではこれからどんどん必要になってくる。発電をとってみても再生可能エネルギーだけでは足りないので,ベースエネルギーが必要となってくる。資源のない国,あるいは節約したい国から見れば,原子力発電は魅力的だ。ところが最近フランス,米国勢の状況は厳しく,日本もできないとなれば,やはり中国やロシア,韓国が市場を支配していくことになってくる。

石炭関係では最近,ファイナンスが難しい。みな消極的だ。ところが中国はなおエネルギーの約60％は石炭に頼っている。これから新興国が石炭火力に魅力を感じてくれば,やれるのは中国しかないということになるかもしれない。石炭をガス化してクリーンアップしてCO_2を除去するようなグリーンコークテクノロジー技術が進めば流れが変わり得ると思うが,そのグリーンコーク技術にも中国は積極的だ。

鉄道も,数年前に調べたところ,世界のプロジェクトの半分は中国が手掛けていた。それだけのノウハウもある。常に継続して建設していないと,技術者を維持していけないという側面もある。これは中国にとってのアドバンテージになっている。

我々にしかできない「技術」の開発を

問:一帯一路で今後,中国と協力していけるところはあるか。

1つは環境関係だ。中国が一番困っているのはやはり環境関係と言える。当社でも,日本の環境技術を中国に取り入れていくことは,今一所懸命に手掛けていることだ。我々にしかできない排ガス浄化システム(脱硫・脱硝)を開発して,それを使って中国でビジネス展開する。中国でうまくいけば,それを新興国にも展開していくプラットフォームになっていくかと思う。

患者の側に立った病院建設のお手伝いを

問：医療，介護の分野はどうか。

弊社は病院の設計を手掛けていて，日本では300件ほどの実績がある。最近では慶應義塾大学病院の設計監修も請け負って，プロジェクト・マネジメントをやった。こうした経験から，先進的な医療設備を海外にも展開していく。

すでにカンボジアでは北原国際病院と一緒になって病院を作り運営している。カンボジアでは腕のいい医者が海外に出て行ってしまって，よい病院が少なく，重篤な病気になるとタイやシンガポールあたりに行くしかないという事情があった。このほか，ロシアのウラジオストクでは，リハビリセンターを開業した。

3年前に医薬品などの工場設計・建設を請け負う拠点を上海で立ち上げた。日本や欧州の医薬品メーカーが中国に事業展開するときに，設計・建設を行う。また中国の医薬品メーカーが，より高度の設計が必要なときに我々を利用してもらう。日本や欧州メーカーが中心だが，中国のメーカーにも徐々に広げていきたいと思っている。

病院の場合，弊社は単なる建物の設計という観点ではなく，トータルなマネジメントや経営の視点からの設計を行い，患者さんの身になって，受付から支払いまでスムーズに動けるシステムや，医者や医療スタッフが働きやすい環境をどのようにデザインすればよいか，といった観点から設計している。

AI医療や再生医療など，日本だけにしかできないものも沢山ある。まだ中国国内ではコスト優先になりがちだが，今後は急速に増えてくると思う。

仕事の立ち位置はやはり「モノづくり」

問：中国では深圳に代表されるように，スタートアップ支援の場やIT産業が急速に発展しているが，一方の日本はこの面ではかなり遅れを取ってしまっているが。

米国のシリコンバレーでデザインして，実際に作っていくのは深圳という

状況が生まれている。日本も失敗を恐れず，あるいは失敗しても敗者復活できるような環境を作っていかなければスタートアップは育たない。国や企業がいかに場を作り，若者たちがいかにチャレンジしていけるようにしていくかといった課題に直面している。

　日本としては，どこで儲けていくか，立ち位置を考えていかねばならない。たとえばグーグルやテンセントがプラットフォームを作っても，「モノづくり」の優位性を発揮していくことが重要かもしれない。モノづくりからコトづくり，あるいはユーザーエクスペリエンス[25]のビジネス化といったところが，これからの知恵の見せどころではなかろうか。

中堅社員に「留学」ではなく「留職」を

　問：若いときに海外を経験しておく必要があると思う。中国はまさにそれを実行していて，物事に動じない人材を作り出しているのではないか。

　私は入社して3カ月後にはインドネシアのスマトラ島に駐在した。私の場合はそこから始まったが，まさに鉄は熱いうちから打つべきだと思う。私が社長になってから，弊社の新入社員は入社1年以内に半年間は現場に研修に行くようになった。ほとんどは海外の現場で働いて帰ってくる。入社しても国内にしばらくいると，コンピュータに向かって設計したり，メールすることが仕事だと思ったりしてしまう。それではいけない。肌感覚でモノに触り，実態をつかむことが重要だ。対すべき相手は客先の人間であり，働いている人たちなのであって，そうした人間関係をマネージしていかないと，我々のビジネスは成り立たない。そこをしっかりと叩き込んで，日本に戻ってもらう。「修羅場」と「成功体験」を経験させることで目の色が変わってくる。

　わが社には一種のロールプレイ[26]で，「君ならどうする」というプログラムがある。中堅社員が若手社員に何か問題のある事例を提起し，その問題解

25　製品やサービスなどを利用して得られる「ユーザー体験」のこと。
26　現実に起こる場面を想定して，複数の人がそれぞれ役を演じ，疑似体験を通じて，あることがらが実際に起こったときに適切に対応できるようにする学習方法。

決にはどうしたらよいか，問いかける。互いに火花を散らすことによって，自分自身が真剣に考えるという習慣を身につけていく。一種のアクティヴラーニング[27]だ。

一部の中堅社員には半年間か1年間，「留学」ではなくて，「留職」させる。大学ではなくて，欧米あるいはアジア，中東の会社に1人でポンと行かせる。周りに日本人は1人もいない。そうした環境の中で，言語はもちろん，現地の人たちの生活習慣や，ものの考え方を学ぶことができる。

問：一帯一路は中央アジアからヨーロッパへの陸路と東南アジアや南アジアを通る海路とがある。しかし海路の沿線国・地域は比較的経済も発展しているが，陸路のほうはまだ遅れていてリスクも大きいところが多いように思うが。

当社もカザフスタンやウズベキスタンなどでのプロジェクト遂行経験はあるのだが，これらの地域は連続してプロジェクトが発生する地域ではない。中国からの資金流入で安くプロジェクトができてしまうような地域なので，我々が入っていけるようなニーズはなかなか出てこない。ロジスティックスもチャレンジングだ。それでもターゲットにすべきだということで，いろいろアプローチしている。

問：カザフスタンは陸路の重要な拠点になるので，中国も重視していて，猛烈に技術者などを投入している。とても日本はかなわないという感じがする。もっとも，中国から資金を入れ過ぎて「中国債務の罠」に陥る国も出てきているが。

これら地域で中国と一緒になって何かプロジェクトを手掛けるということには，なかなかならない。中国とは歴史や地政学的な関係も違うし，日本の企業に求められるものは違う気がする。

問：逆にそうした地域ならば，日本と中国で何か共同プロジェクトを組む

---

[27] 学習者である生徒が受動的となってしまうのではなく，能動的に学ぶことができるような授業を行う学習方法。

ことも可能ではないか，という声もあるのだが……。

　日本も中国もエネルギーは海外に依存する度合いが大きい。環境関連も1国だけでなく，リージョナル，グローバルな問題になっている。こうした分野はインタレストが同じなので，手を組んでやるべきことがあると思う。隣国同士なので，エネルギーの安全保障については，ともに考えていく余地がある。

　たとえば中国は太陽光発電の機材コストが安いので，そうしたものを日本主導のプロジェクトに組み込んでいくという方法はすでに行っている。

はじめに「一帯一路」ありき，ではない
　問：「一帯一路」とは何なのだろうか。

　「一帯一路」を国際公共財としてみた場合，沿線国のインフラ整備や地域のコネクティビティを向上させることによって，新しい産業集積やビジネスバリューチェーンを創り出す壮大な構想として期待できる。一方で，俗にいう債務の罠や結果的に中国だけの利益に利するといった批判もあり，ガバナンスのあり方や公平性，透明性をより進めていく必要があるのだと思う。

　民間企業としては一帯一路ありきでビジネスを待っているのではなく，お互いの強みをマッチングさせることで価値が発揮できるようなプロジェクトや事業機会を一緒に作っていく。それが彼らの言う「一帯一路」に結果的に沿ったものになるのではないか。

　たとえば，弊社はロシアの北極海沿岸でLNGプラントを建設した。客先は露・仏の民間企業が主体だが，中国の国営企業も一部の出資と製品引き取り，ファイナンスを行なった。弊社は中国企業にモジュールの製作を依頼したし，完成したプラントで生産される製品の一部は中国に出荷される。フランス企業やロシア企業にとってのグローバルな戦略的事業も，中国側の文脈で捉えると"氷のシルクロード"の一部となるわけである。

問：最近は民営企業も台頭しているが，そうした会社との付き合いはどうか。

　私たちが取り組むようなエネルギー関係はプロジェクト規模が巨大で，中国政府にとっても重点分野なので国営企業が中心である。ただ化学産業のような分野では，中国国内の案件ではあるが，民営企業とお付き合いしているケースもある。いずれ海外展開も考えられよう。

問：深圳の発展をどう見ているか。深圳と香港を結ぶ高速鉄道ができれば，わずか15分くらいでつながってしまう。

　先日，ある香港の方と，深圳があれだけ興隆してくると，今後香港はどうなっていくのだろう，と話したことがある。彼が言うには，深圳がますます製造業を担っていくことになるので，香港は金融中心にならざるを得ないと。

問：今米国のシリコンバレーで設計したものを，中国の深圳で製造するというパターンができあがっているが，日本の場合はどうか。

　今当社は基本設計を自社で行っているが，詳細設計はフィリピンの関係会社に頼むケースが多い。フィリピンは日揮本体と切っても切れない設計の「片腕」の役割を果たしている。今後はこれに加えて，中国がモノを作るもう一方の「片腕」となってくる可能性はある。つまりプロジェクトの開発やマネジメント，重要なデザインは日本の日揮本体で行い，設計と製造は2つの「腕」とともにパッケージ化していくことになるかもしれない。

　トランプ大統領の「米国ファースト」ではないが，新興国マーケットではその国のものを第一に考える現地化は進めていく必要はある。当該国のものに，いかにコスト競争力のある中国など第三国のものを組み込んでいくかという考え方だ。

　日本は技術があっても，新しい技術を入れてチャレンジしていけるような場が規制などによって妨げられないように，特区やサンドボックス制度[28]といった開かれた場をもっと作っていく必要がある。イノベーションを促し，加速する仕組みが必要だ。

1　トップ経営者に聞く　93

(2) 大谷裕明（おおたに・ひろあき）：YKK株式会社代表取締役社長

　大谷裕明氏は，香港・中国圏での約30年間にわたるビジネス経験を買われて，2017年4月に社長に就任した。

　香港には1984年から2003年までの19年間いた。2003年から1年半は上海にいて，その後深圳に6年半，そのあとまた上海に戻って2年半。合計すると30年近くになる。

　YKKでは大谷氏のほか，アジアに強い松嶋耕一氏を副社長に据えており，中国・アジアでの展開が同社にとって経営の行方を決める最重要の要素になっていることを示している。

　問：中国・香港のこの間の発展ぶりをどう見ているか。

　1980年ごろの中国はまだ情勢が厳しくて，出張で中国に行くと，1日でも早く香港に帰りたかった。香港に戻ってくると，別世界だった。しかし香港が1997年に返還され，それを契機に発展した。特に上海の発展がすごかった。香港だけでなく，「金の卵を産む鶏が2羽欲しい」という鄧小平の発言を受けてのことだった。

　この間の中国の変貌ぶりは，私から見れば奇跡だ。ここまで経済大国になるとは夢にも思わなかった。やはり改革開放という制度が非常に有効で，しかもそれをずっと継続してきた。社会主義だけでは経済は発展しない。社会主義の政治体制でどうやっていくのかと思っていたが，今のところうまくやっている。改革開放の当初，深圳，アモイなど4カ所に経済特区を設けたが，最も発展したのはやはり深圳だ。香港と隣接しているのが大きい。香港の資本がどっと深圳に入っていった。

28　現行法の規制を一時的に止めて，特区内でドローンや自動運転などの新技術を実証できる制度。

「善の巡環」を愚直に徹底的に

問：長年の中国・香港での経験から学ばれたことは何か。ご苦労も多かったと思うが。

そんなに苦労したという思い出はない。経営力のなさで失敗したことは多々あるが，とにかく香港や中国の人たちとビジネスする場合に，わが社の企業精神である「善の巡環」を愚直に徹底的に実行し，それを軸に商売をしてきた。

良い商品をより安く提供するというのが，わが社の創業社長の教えだったが，それはどこの国に行っても同じではないかと思う。そんなに良くない商品を高く売るとか，本来は付加価値のある優れた商品なのに，足元の数字だけにとらわれて安く売ってしまうとか，そういったことはどこの国に行ってもやってはいけないことだ。

香港は英国の統治下で，非常にビジネスライクだった。何を差し置いても利益，利益の出ない商売は一切しない。そうした相手と商売するときに必要なのは，我々と商売したら自分たちにもメリットがあるなと思わせることだ。そこで価格が合わなければ，自分たちのコストが高かったと思うしかない。また納期が間に合わなければ，自分たちの仕事のやり方がまずかったと思うしかない。

中国も同じだった。改革開放以前は王朝時代のようなもので，豊かなものとそうでないものとに分かれていたが，改革開放が始まってみな，横一線の社会になった。中国にはやはり，商売人が多い。特に我々の商売相手は，民間企業がほとんどで，創業者が育ってきていた。彼らといかに商売をうまくするかを考えればよかった。

お客さんの気が付いていない品質の不良などを知らせると，そこまで愚直にやるのか，と言われたこともあった。しかしいったん信頼を得れば，長く付き合っていただける関係を築けた。

問：「善の巡環」という御社の企業精神は，中国と商売するのに合っていたということか。

そのとおりだ。「善の巡環」は相手側の利益を考え，犠牲精神だけと思われがちだが，回りまわって自分たちのところにリターンしてくる。「社会主義的資本主義」とでもいうべき制度の中国とは合っていたと思う。

新しい年度の前には工会（労働組合）と話し合って，報酬も含めて次年度の目標を決めた。協議制と呼んでいたが，それによって目標が決まれば，かれらはよく働いてくれた。一定の利益を本社に送れば，あとはすべて現地の社員に還元し，分かち合うという精神で臨んだ。

今は社長として世界の6極すべてを統括しているが，やはり「社員に十分に還元しろよ」と中国で言っていたことと同じような指示を出している。中国圏で長い間仕事をしてきた経験が生きている。

世界の総需要の約8割は中国とアジア

問：御社の第五次中期経営計画（2017～2020年）では，総投資の約6割は中国とアジアに振り向けるとの目標を盛り込んでいるが，やはり今後，最も重視するのは中国とアジアの市場か。

縫製品で見ると，世界の総需要の約8割は中国とアジアで賄っている。第五次中期経営計画では最終年度で約129億本の販売目標を掲げているが，そのうち約100億本は中国とアジアだ。ファスナーのついた最終製品の需要先は欧米であったりしても，ファスナーを縫製している工場はどうかということになると，圧倒的に中国とアジアになってくる。アジアの一部の国々も縫製産業が非常に伸びているが，一国で比較すると，まだまだ中国の規模が大きい。

問：御社の中国における生産拠点は上海，深圳など沿海部がほとんどだが，内陸部への進出は考えていないのか。

考えていない。現状では，中国で生産したファスナーが縫製される最終製品の6割から7割は輸出に振り向けられているため，我々の顧客である縫製工場も沿海部に多いからだ。それからファスナーの原材料や部品の一部を日本の工場から輸入しているので，内陸部だとロジスティックの費用がかさん

でしまうという面もある。

　成都や重慶など内陸部の消費レベルも上がってきているが，こうしたところには分公司を置いて，沿海部の工場から製品を送り込むようにしている。今上海にある工場は世界でも一番規模が大きい。次いで大きいのは，深圳にある工場だ。

バングラデシュが上海を抜く勢い

　問：アジアはどうか。

　バングラデシュでの生産が増えていて，おそらく近い将来，上海を抜くのではないかと見ている。バングラデシュはやはり労働コストが安い。平均賃金は月100ドルくらいだ。4～5年前だともっと安くて40～50ドルくらいだった。

　ベトナムは200ドルくらいだろうか。ベトナムも工場の敷地から言うと，上海と同じくらいに広い。将来はそのくらいに伸びるだろうと見込んで，あらかじめ土地を手当てしてある。

　自分が深圳に赴任して最初に社員を募集したときの賃金は月600元だった。ドル換算で100ドルくらいか。今は500ドルくらいになっている。

　問：世界市場での最も手ごわい競争相手はどこか。

　それはもちろん中国のファスナーメーカーだ。世界の販売本数の約8割は中国製だろうと見ている。中国は世界最大のファスナー大国だ。中国のファスナー協会が発表している統計では，企業数はおよそ3,000社となっている。もっとも自分でテープやチェーン，スライダーといった部品を作って，アッセンブルまで行うという，すべての機能を持っている一貫メーカーに絞ると，100社もないかもしれない。テープだけを作っているところもあるし，メッキや表面処理だけやっているところもあるなど，極めて多層にわたっていて，これが中国の強みにもなっている。

　問：日本の家電メーカーなどは中国にキャッチアップされて，中国国内では存在感が薄くなってしまったが，ファスナーの場合はどうか。

我々が国内の中核拠点である黒部工場だけで生産していれば，家電メーカーと同じような状況になっていたと思う。今は中国やアジアなど，現地での生産を増やしているので，対抗できる。

「低コスト」のメリットは賃金上昇で薄れる

問：中国のメーカーとの品質差はどんなところにあるのか。

以前は，お客さんに何をコミットメントし，約束できるかという点で違いがあった。たとえばYKKは100万本に1～2本，汚れている製品があるかもしれないが，中国のメーカーだったら，それが数百本あるかもしれない。しかし，それでもかまわないというお客さんがいるので，苦労してきた。

ところが，そこで中国経済が発展するというフォローの風が吹いてきた。生活水準の向上で，中国でも「悪かろう，安かろう」でかまわないという時代ではなくなってきた。「いいものを安く買いたい」という志向に変化してきた。

それから賃金が上昇してきたので，これまで半自動や手動で作ってきた中国側の低コストのメリットがなくなってきた。YKKの工場で全自動の製品を作っても，それが市場で強みとして発揮できるようになってきた。加えて人民元が10年くらいの期間で見ると上昇してきているので，この面でも我々に有利になってきている。

一方，アパレルブランド側でも「中国プラスワン」ということで，バングラデシュやベトナムなどでも生産するようになったので，中国メーカー側も，それらの国の縫製工場に納入するには輸出コストや納期がかかる。半面，YKKはすでにそれらの国々には進出して製造しているので，その意味でもやりやすくなっている。

問：御社はSTANDARD（汎用品）市場での販売に力を入れているが，中国で売る場合にはやはりSTANDARDの製品なのか。

中国ではSTANDARD市場ももちろん大きいが，STANDARDより下，ピラミッド需要層の底辺部分の市場が，まだかなりある。中国のメーカーが

作っているのもSTANDARDより下の市場向けが多くて，それを海外にも安く輸出している。

YKKには自前で機械を作るという優位性あり

問：中国のメーカーとの決定的な品質差はどこにあるのか。

中国メーカーではまだ工程が全自動化されていない。それと中国メーカーは，外部の工作機械メーカーから購入して組み合わせて生産しているが，我々はその機械をすべて自社で作っている。自社製の機械だと，現場の社員がどの部分を改善したらよいかなど，自分たちで考えて対応することができる。こうした面ではまだ，我々のほうがかなりの優位性を持っている。

問：第五次中期経営計画では「技術に裏付けられた価値創造」をスローガンに掲げているが，まだ技術開発を進めていく余地はあるのか。

たとえば，これまでファスナーの汚れや不良は社員がチェックしていたが，今はAI[29]などを活用して検査することが可能になってきている。負荷の大きい検査工程をもっと機械化できれば，ミスの発生も減らせるし，社員の負担も軽くできる。軽くなった部分は価値創造に回していく。「技術に裏付けられた価値創造」には，そういった意味合いが含まれている。

またファスナーの「開ける，閉める」という基本的な部分については，それなりの性能を持っている製品は世の中に溢れている。少々のことで壊れるような製品は市場から追い出されてしまうが，技術開発をすべきなのは，その部分ではない。ファッション性，滑らかさ，耐久性といったところは，良くしていく余地が残っている。

海外展開には「匠の技術」はむしろ足かせに

問：日本の「モノづくり」の技術はまだ健在か。

日本国内だけで作っているわけではなく，今は海外に大いに展開している

---

[29] コンピュータによる知的な情報処理システムの設計や実現に関する研究分野。

が，技術はやはり日本から発せられている。門外不出の技術は実はいっぱいある。それは一切，海外には出さない。中核となるファスナー製造機械は黒部工場にいる工機技術本部の社員が作って，世界に持ち出している。

問：中核となる技術というのは，日本の得意とする「匠（たくみ）の技術」や「擦り合わせ技術」なのか。

いや，そういう部分があればあるほど，世界展開は難しくなる。匠の技術者が保全しないとできないような機械は，我々から見ると欠陥商品だ。機械設計はあくまでも原理原則に基づいてなされていないといけない。そうでないと中国やベトナムに持ち出したとき，彼らは機械を直せない。

アフリカ進出には「一帯一路」の活用もあり得る

問：中国は今「一帯一路」戦略を展開しており，沿線国での港湾・高速鉄道などのインフラづくりのほか，「経済特区」の海外版とも言える「海外園区」も各地で造成しているが，そうしたところに進出する可能性はあるか。

今注目しているのはアフリカやミャンマーだ。「一帯一路」の沿線国には，中央アジアを除いてほとんどの地域にすでに当社の製造拠点があるが，ないのはアフリカの中部地域とミャンマーである。中国だけでなく，日本政府が一緒になってインフラなどの基盤づくりをしてくれれば，我々としても進出しやすくなる。

問：中国のアパレルメーカーとは取引が多いと思うが，支払い面などで問題はあるか。

いまでも支払いがスムーズとは言えない面もあるが，信頼関係があれば，特に問題になることはない。昔は中国企業の経理担当はできるだけ支払い期間を伸ばそうとするのが常だったが，今は変わってきている。一方，流通面は相当発展してきて，配送にほとんど問題はない。道路の整備が進んだことも大きい。

現地の人事には口出ししない

問：中国現法での現地化はどこまで進めているか。本社との役割分担はどうなっているか。

人事については，ほとんど現地に口を出さない。こちらで決めるのは，日本人の社長（総経理）と工場長だけだ。上海現法は操業開始から2018年で26年，深圳現法は同23年になるので，工場長は中国人になった。このほか営業部長も中国人だし，全体的に見て日本人の果たすべき役割が変わってきている。

問：特別な教育は行っているか。

特別なものはない。これまで工場ごとに行っていたのを中国の統括会社に一本化したという点くらいだ。中国人スタッフには，コンプライアンス上の規定などをしっかりと守ってくれれば，賞与や福利厚生でしっかりと還元している。

ただし，違反が悪質な場合には，刑事訴訟に訴え出たこともある。とにかく隙を見せないようにしている。何か問題が起こったときには厳正に対処する。そうしないと，みんながまねをするようになってしまう。

問：年間の販売目標は本社から指令を出すのか。

出さない。毎年2月に翌年度の事業計画会議を開いて，世界の各地域から集まってもらい，それぞれの目標を出させる。それらを積み上げたのが年間目標になる。会議は，ファスニング部門だけで2日間かけて行う。

問：会議は英語でやるのか。

いや，基本的に日本語。同時通訳は英語でやっている。欧米だけなら英語でもよいが，アジアなどからも多く集まってくるので，英語だけというわけにはいかない。

（3）厳浩（げんこう）：EPSホールディングス代表取締役会長

　2018年1月19日，株式会社財界研究所が主催する平成29年度の「財界賞」「経営者賞」の贈呈式がパレスホテル東京で行われた。壇上には，「経営者賞」を受賞した厳浩EPSホールディングス代表取締役会長の晴れがましい姿があった。

　厳浩会長は，中国の改革開放の初期に日本に来た留学生として，山梨大学で学んだ。その後，東京大学大学院博士課程で医学統計を専攻し，臨床試験に関わる研究・実務に従事する。東京大学大学院在学中の91年に臨床試験受託企業の現イーピーエス株式会社を創業した。そして日本最強のCRO（Contract Research Organization：医薬品開発受託機関）企業に育て上げた。さらに在日華僑華人企業家たちと日本中華總商会を作り，日中間の橋渡し役としても多大な貢献をしてきた。華人パワーの代表である厳浩会長に，これからの日中ビジネスのあり方を聞いた。

日中間にさまざまな誤解や認識の違い

　問：日中間にはさまざまな誤解や認識の違いが見られる。とりわけ中国の各分野の方々とお付き合いをする際に，注意しておいたほうがよい点はあるか。

　まずは名刺交換やお互いの自己紹介から始まるわけだが，たとえば「どこの大学出身なのか」ということを1つとってみても，注意しておかねばならないことがある。制度や実情の違いがあることを十分に知っていないと，とんでもない認識をしてしまう。

　日本は「学歴主義」というよりも「学校主義」の国と言える。中国の大学はすべて地方大学だ。北京大学も「北京という一地方の大学」であり，北京の受験生が圧倒的に入りやすい仕組みになっている。戸籍制度が厳しく制限されているという背景もあるからだ。日本であれば，こんなアンフェアな制度はけしからんと，メディアが批判するに違いない。

中国では文化大革命の政治的混乱が続き、大学の授業が復活したのは1977年だった。私が天津大学に入学したのも、復活直後の1979年だった。ところが党政府の幹部の中には、大学で授業を受けられなかった世代なのに、肩書が「大学卒」となっている場合がある。これはたいがい「中国共産党学校卒業」というのが実態だ。

　「財政部」という名刺をもらうと、日本人ならば「財務省か、すごいな」と考える。財務省と言えば、東大法学部に違いないという発想だ。中国は全然違っていて、財政部が自分で大学を持っている。日本人が聞いたこともない「東北財政経済大学」など、こういう人たちが財政部にはうようよしている。

　自分の経験からもう1つ例を挙げてみよう。日本に来ると、医学部出身というだけで、「すごいですね」と言われる。日本では医学部は一番難しいが、我々の時代、中国では理科系の中で医学部は農学部とともに一番偏差値の低い学部だったのだ。今の北京大学も例外ではなく、医学部は低い。

　こういったことは案外知られていない。知らないと、一方的なイメージを持ってしまう。中国の役人と会ったときに、「この人は役人なのか、政治家なのか」と迷うことがあると思う。日本には選挙があるので、役人が選挙に当選すれば「政治家」になる。村長でも選ばれれば、「政治家」と呼ばれる。ところが中国では選挙（直接選挙）はほとんどないので、どの段階から「政治家」と呼んでいいのか、はっきりしない。党中央委員候補にでも選ばれたら、政治家と呼ぶのだろうか。

日本は「社会主義的システム」を売り込め

　問：日中ビジネスの対象分野は変わりつつあるか。

　ヘルスケアは間違いなく、日本と組みたい分野だ。ヘルスケア、特に薬は日中間でかなり差がある。医療サービスの質も日本のほうが高い。

　中国の病院でも日本と同じような医療機器を備えているところは少なくない。介護にしても、自分の父が老人ホームに入っているが、2LDKの広い

部屋で生活できる。夜は看護士が父に付きっ切りなので，母が楽になった。だが日本で長年培われてきたサービスは中国にはないし，医療の道徳という面でも中国より日本が勝っている。

　もう1つは環境分野。日本に来た中国人が，日本に注目しているのは間違いない。新エネルギーも含めてだ。

　中国のITは分野によっては日本をすでに超えている。ヘルスケアに比べれば，この40年間のキャッチアップでそれほど差は大きくない。ファーウェイは企業単位の特許数で世界1位になった。

　さらに言えば，日本が中国に売り込むべきは，「社会主義的システム」ではないかと思っている。中国は世界一の社会主義と標榜してはいるが，実態を見るとはるかに日本のほうが社会主義的だ。中国の今の企業は，とても社会主義とは言えない。

　日本は多くのシステムを持っている。たとえば医療で言えば，「フリーアクセス」[30]の制度。どこの名医でも国民保険証を持っていれば，待つことはあっても診てくれる。

　中国では考えられない。名医のリソースは限られているから，見てもらう患者は限られている。この点から言えば，日本のほうが社会主義的だ。

従来の日本ビジネスモデルを捨て去れ

　問：日中ビジネスのやり方も変わってきているのではないか。

　たとえば，飲めばたちどころに治る癌の薬が日本にあったとする。これを中国で売るには，日本での販売方法をそのまま中国に持ち込めばよい。商品の優位性が圧倒的なので，あえて商社経由で売るなど販売のための努力をする必要はない。

　しかし，1980年ごろまでは商品にこのような圧倒的な差があったが，今は

---

[30] 受診する医療機関を自由に選べる制度。日本では，診療所から大学病院，専門病院まで，患者自身が望めばどこでも診てもらえる。

急速に縮小してきている。これまでのように，ビジネスモデルに全く手を付けずにそのまま売れるというものではなくなってきている。

　素材メーカーは数が多いので目立たないが，BtoBでは成功例が多い。一方，BtoCは成功例が極めて少ない。その中でもサービスビジネスになると，ますます少ない。たとえば，楽天はネット上でのサービスだが，中国ではうまくいかなくて撤退してしまった。

　リクルートは人材サービスなどさまざまな事業を展開していて，海外でも成功している。独特な企業文化があるからだろう。一般に日本企業は組織文化が垂直統合，自前主義だ。新興国にいくと，よけいに「俺たち日本人のほうが上だ」とドメスティックな意識から一歩も抜け出せない。

　問：中国ではどのような点に注意しなければいけないのか。

　中国では，日本国内とは異なるビジネスモデルを作らなければならない。モノだけ持って行っても，絶対的な優位性はない。たとえば日本ではメーカーと卸が長い間培ってきた関係が優位性につながるが，中国ではそれだけで商売がうまくいくわけではなく，別のビジネスモデルを作る必要がある。組織やパートナーとの関係性まで変えていかないといけないのだ。垂直統合の中で育ってきた日本人には，こうした発想がなかなか出てこないのだが。

　1つの例を挙げよう。日本の会社の中で，現地子会社の社員に自社株を持たせようとする企業があるだろうか。中国では，現地子会社でもみんなに株を持たせ，インセンティブを与えて一緒に働いていこうと考える。場合によっては現地の株式取引所に上場することだってあるかもしれない。だが日本の売上1,000億円以上の会社で，このような発想をするところは聞いたことがない。

　これは一種の組織のイノベーションなのだが，そこまで発想が至らない。組織のイノベーションは起こしにくいからこそ，もっともっとそのためにエネルギーを使わないと，「モノに勝って，ビジネスに負ける」ことになりかねない。現に多くの日本の会社がそうなっている。

中国は「合従連衡」が得意

問：組織のイノベーションは，日本人にはなかなか難しいが……。

中国は歴史から見てもわかるように，「合従連衡」[31]が得意である。中国の会社を見ていると，「合従連衡」に長けているところが多い。わが社も日本の会社なので，当然に日本流に「ナイズ」されている。日本では「合従連衡」は面倒くさがられることが多い。「合従連衡」では，相手と握手したり，握手しつつも机の下で相手の足を蹴ってみたりする。慣れない人からすると，疲れるし，耐えられない。このことがオープン型のビジネスモデルをとてもやりづらくしているのだ。

一方で，最近は月に1回中国にいくので，よく中国企業の現場を見ているのだが，「合従連衡」をやりすぎるというマイナスの面がある。特にメーカーにとっては研究開発が重要だが，中国の企業は合従連衡に忙しすぎて，そこをおろそかにするきらいがある。これは中国企業がこれから注意しないといけない点だろう。

これからはヒトが大切だ。本物のビジネスパーソンを育てていかなければならない。これまでは教育と言えば，外国人社員の場合は偉い人のかばん持ちくらいしかやらせてもらえなかった。それでスポイルされてしまい，いい意味で切った張ったができるような，本当の意味での人材は育っていない。

「交流」は「ビジネス」ではない

問：EPSは中国にも進出しているが，うまくいっているのか。

わが社は今でもそうだが，日本での商売がメインだ。特に創業のころの日本の医薬品業界は守られた業界で，わが社は専門性を発揮して，割とジェントルに商売できた。

こういうビジネスの方法をそのまま中国で踏襲して成功するかと言えば，

---

31 その時の利害に従って，結びついたり離れたりすること。もとは中国の戦国時代に蘇秦や張儀が唱えた一種の外交政策。

なかなか難しい。わが社は5年前くらいから中国にも本格的に進出し，工場も上海に持っている。売上高も100億円規模になってきたが，そこで痛感するのは人材難だ。

日中間では「交流」は盛んだが，「交流」ばかりしていても，これはビジネスとは言えない。「交流」は叱られることがないから気分がよい。そこには厳しい交渉はないからだ。

米国のビジネスのやり方を見ていて感じるのは，ヒトの使い方がうまいということではなかろうか。

問：日本の企業は，劣化が著しい。ほとんどの会社は，サラリーマン重役がトップになっているので，ゴマすりが横行しているし，任期中は何も起きないように，通り過ぎるのを待っているだけという感じがする。

EPSはことしで27年目になる。そろそろ，この企業って何なんだろうね，と「棚卸」をしないといけない時期に来ている。レーゾンデートルは何か，時々考える必要がある。技術開発はやるべきことがわかりやすいので，そこばかりに気を取られがちになり，組織の存続原理といったレーゾンデートルのチェックを経営者が放棄してしまっている。

今中国の躍進目覚ましい会社は，経営者も若くて，金儲けに徹している。生半可なやり方では，この勢いのある中国の会社に勝てない。自分の会社のレーゾンデートルは何か，よほどしっかりさせないと，対抗できないのではないか。現状は自信がなくて，自分の会社はこういうことを考えている，とはっきり言えないのではないだろうか。

日航を再建した稲盛和夫さんは，宗教家みたいだという評価もあるが，この際好ききらいは問題ではない。彼のすばらしいところは，しっかりとした考えを持っていることだと思う。そのほうが相手側もわかりやすい。

最も必要なのは「目的オリエンテッド」

問：ビジネスパーソンに最も必要なものは何か。

ビジネスパーソンにとって最も必要なのは，「目的オリエンテッド」では

ないか。「仕事オリエンテッド」ではだめだ。仕事では「事に仕えている」ことになるので，やはり目的に仕えなければいけない。カバン持ちは「事に仕えている」だけだから，ビジネスパーソンにはなれない。

さらに外部に対しては，ロジカルでないといけない。交渉するときには，必ずコンフリクトが起きる。それだけにロジックを持っていないと。だが，ビジネスパーソンは，ただモノが売れればよいというセールスマンとは違う。セールスマンでは，プラットフォームやビジネスモデルを作れない。この手の教育が難しい。

業界の中でも，ただ追随してくる会社は何も怖くない。それよりも，新たなビジネスモデルを前面に掲げてこられると，怖さを感じる。幸か不幸か，日本ではそうした会社が少ない。

問：中国ではそうした人材は増えているのか。

中国の中小企業の創業者は，「目的オリエンテッド」なところが多い。その目的はサラリーマンとは違う。金儲け中心ではあるが，それゆえにパフォーマンスを出しやすい。つまり行動の目的がはっきりしていて，わかりやすい。

問：米国もそうだが，中国でもトップダウンの経営が多い。日本はボトムアップが得意だが……。

日本では，トップダウン経営に不信感を持たれがちだ。トップダウンにも弱みはあるが，それよりも組織的マネジメントとは何か，を考えねばならない。私は社内では，「衆議独裁」と言っている。議論はしても，裁断する人物がいないといけない。

プロセスマネジメント[32]も良し悪しがある。これを過信してはいけない。それよりも目標の設定が大切だ。日本はプロセスのマネジメントがほとんどだと思う。2〜3年先の目標設定のような，長いスパンを考えた会議はあま

---

32 仕事の流れ・工程（＝プロセス）を管理することによって，結果を最大にするマネジメント手法のこと。

りやらない。一見すると，勤勉のように見える。勤勉はよいことだと無批判に思われているが，勤勉も度が過ぎるといけない。勤勉でないほうがよいこともある。

　問：日本の各商社はこれまで日本企業の対中進出の「水先案内」役を務めてきたが，こうした役割はすでに終えていると思う。次に何をすればよいのか。現地法人化は認められないし，仕方なくリエゾン（仲介，橋渡し）を置いてやっている。ヒト・モノ・カネを考えても，ヒトは現地化ができないので，十分な働きができないし，「カネ」も決裁権は東京にあって，現地は自由に使えない。残るは「モノ」だが，これも中国が急速にキャッチアップしてきて，扱うモノがなくなりつつある。

　産業投資ではないかと思う。中国で売れるモノを新たに探して売るしかないということだ。それに金融などをマッチングしていく。しかももっとテンポよくやらないといけないのではないか。

「一帯一路」は「面」づくり

　問：中国企業の強みは何か。

　中国の企業の強みは，合従連衡の手法を使い，手っ取り早く利益を上げて，早急に規模を伸ばしていけることだろう。日本は老舗企業が多い。中国は歴史的に見ても常に変化し続ける。王朝は絶えず交替してきた。今はA社が有力だとしても，10年先はわからない，という発想だ。日本のように5代や10代続く寿司屋なんて発想にないし，成り立たない。中国企業の経営者が考えるのは，大きくしておけば，生き延びられる可能性がそれだけ大きくなるということだ。その点のプレッシャーが中国企業には大きい。ある日本企業の社長が，「自分の会社は1％成長でよい」と言っていたが，こんな話を中国人にすると，うらやましがられるだろう。高度成長は，不安感からきていると言ってよい。

　もう1つは金融だ。日本で金融をやるのは特殊な人たちというイメージが強い。一方，中国は押しなべて金融マインドが強い。爆発的に成長させよう

と考えるときに，日本では売上や利益のことしか考えない。今の中国はそんなことよりも，一番重要なのは「時価総額」だと考える。売上を10倍にするのは大変だが，「時価総額」ならそれほどでもない。中国企業は上場すると，すぐにエクイティファイナンスを手掛ける。莫大な資金調達をして，M&Aを試みる。良い悪いは別として，そうした行動パターンが目立つ。中国にいくと，「なんであなたの会社はそんなに悠長なのか」と馬鹿にされるほどだ。

　「一帯一路」を見ても，中国は積極的に「面」を作っていこうとする。日本は「点」にこだわる。「点」に問題があると，落ち着かない。だが中国の「点」を見ると，かなりいい加減なところが多い。「一帯一路」でも，港湾建設がうまくいかないとか，日本のメディアではいろんな問題が指摘されているが，おそらく中国側は何とも思っていない。「面」で勝負しようとしているからだ。

　問：日本の経営者に特に何を望むか。

　中国で本格的に事業を展開しようと考えている企業，特に商社のトップならば，英語だけでなく，中国語も話せるようになってほしい。これからは両刀使いでないと。

　それから「社会主義的システム」に関連して言えば，日本の企業はファンクションだけでなく，コミュニティの役割も担っているはずだ。米国ではコミュニティは会社以外にある。そういうところももっと考えて，発信してほしい。

（4）小澤秀樹（おざわ・ひでき）：キヤノン株式会社副社長，キヤノン中国有限公司社長

　小澤秀樹氏は現地のキヤノン中国社長に就任してから14年，北京で社長を務めている日本人として最長である。それでも以前に駐在したアメリカ，香港，シンガポールに比べて，中国でのビジネスは最も難しいという。

　「佳能（ジャノン）」の名前は，今では中国でも知らない人はいないくらいである。中国で憧れのブランドに持っていくまでに，どのような苦労と工夫をしてきたか。そこには中国で成功するためのヒントが多く隠されている。

問：中国ビジネスの実情はどうか。

　中国は日々，刻々と変わっている。消費者も80年代，90年代そして今は2000年代生まれの人が加わってきた。彼らの要求は前の世代と全く違ってきている。ITを駆使し，EC（エレクトロニックコマース）を当たり前のものとし，ネット販売も急伸している。またフォーチュン・グローバル500にも，多くの中国企業が入るようになった。

　それにもかかわらず，日本側は1990年代の対中認識を持ち続けている人が多いのではないか。中には，中国がまだ毛沢東，周恩来が活躍し，多くの国民が人民服を着ていたころの残像で考える人もいる。こうした人たちは相変わらず，上から目線で中国を見ようとしている。こういった接し方をしている限り，中国を理解できないし，彼らとともにビジネスをしていくことはできないだろう。

　まだまだ現金決済が主流の日本に比べ，中国ではスマホ支払いが爆発的に増えているし，中国の大都市では「シェア自転車」が普通の光景になっている。たった1年強でこの激変が起こっている。先日，中国の大学関係者と話す機会があった。席上話題になったのは，中国側でも，まだ「昔の中国」の立場でものを考えたり，発言する人たちもいたりするということだ。このよ

うな振る舞いを見て，日本人も勘違いし，上から目線で中国を見る人がいるのだろう。

一番難しい中国ビジネス

問：中国とのビジネスの難しさは。

私はアメリカ，香港，シンガポールでビジネスを経験したが，中国本土のビジネスが一番難しい。海外経験がなくて日本で純粋培養のまま中国に来ると，日本の価値観・やり方とは真逆の部分が多くあり，心身がかなり消耗する。海外経験のある私でも，2005年に中国に赴任したときは中国を理解するまでに時間を要し，「尋常な国じゃない」と思うことが沢山あった。日本の常識が通用しないことがあるという難しい面はあるが，ビジネスをやると逆に非常に面白い国だと思う。

最近思うのは，中国経済の成長は7％を切り，いずれは5％位になってしまうのではないかということだ。習近平主席も「新常態」と言っている。中国の消費者も豊かになり，あらゆる情報がネットで得られるようになり，安ければ買うという時代ではなくなってきた。今までと同じやり方をしていては中国でビジネスができない状況になってきた。

また，中国にはリスクが多いということも考えねばならない。政治的なリスク，経済的な問題，災害や病気などいろいろなリスクがあり，リスク管理をきちんとしておく必要がある。さらにビジネスで我々が感じるのは，ディーラー，ディストリビューター，ビジネスパートナーのマインドがいずれもトレーダーだということだ。「商の国中国」には，右から買って左に早く売り抜けてしまうという人が多くいる。これからは売るものに付加価値をつけて売るという「マーケティング思考」を持ってもらうことが大切だ。

問：キヤノン中国の販売とマーケティング状況はどうか。

2005年当時に比べると，売上は5倍くらいになった。特にカメラ関連は会社全体が中国のGDP並みに成長しているときに，その3倍も売れていた時期があったが，最近は落ち着いてきている。中国戦略で最も重要なのは「ブ

ランドの認知度を上げて，ブランドイメージを高める」ことで，ここに注力した。14億人近い中国人に購入してもらえる可能性がある，一般大衆消費財としてのキヤノンの代表的な製品であるカメラを，フラッグキャリアとして注力したのが良かった。

ジャッキー・チェンをCMに使う

問：ブランドイメージは具体的にどのようにして上げていったのか。

中国で圧倒的に有名なジャッキー・チェン[33]をCMに起用したことで，ブランド認知度が上がり，カメラがぐんと売れ出して，プリンターも追随していった。中国では皆が知っているジャッキー・チェンの起用は効果抜群だった。ブランド力を上げないと中国では勝てない。中国は「面子の世界」である。人に見せたり，自慢できたりするようなブランド力が購買を左右する。

売上を伸ばすことができたもう1つの理由は，中国語の表記を取り入れたことだ。私が中国に来たときはブランドも製品名称も英語だけの表記だった。これに対して，「佳能（ジャノン）」を英語のブランド名に併記し，製品名も英語名称だけでなく中国語名称も併記するようにした。中国語を使うことで一気に「佳能」が広がった。いまや，キヤノンを知っている人は，人口の7割くらいいるのではないだろうか。

また，我々は「感動常在（ガンドンチャンツァイ）」というスローガンを掲げているが，これは幅広く認識されている。実は，南アジアには「Delighting You Always」というスローガンがすでに徹底されていた。経営トップから「全アジアを統括するように」と言われたときに，このスローガンで全アジアを統一した。ただ，中国だけはこの意味を踏まえて中国語に置き換え，「感動常在」（感動を常に提供する会社）を新たに作り，使用することにした。この言葉が必ずテレビをはじめ，すべての広告の最後に出る。

---

33 ハリウッドでも活躍する香港出身のアクションスター。コミカルで明るい作風のカンフー映画が多い。

「ガンドンチャンツァイ」は人の心を打つと，何人かの中国人から言われた。

幅広い権限がキヤノン中国の社長に

問：キヤノン中国の組織の強みは。

当社は，キヤノン中国の下に全事業部が直接ぶら下がる形態をとっている。各事業部は本社事業部にももちろんつながっているが，基本的にキヤノン中国の社長が権限をすべて持っている。各事業のトップは全部の案件を私に報告するようになっているため，事務機やカメラの責任者に，私が直接宣伝や販促などの指示をすることができる。それが当社の強みで，そういう組織形態や運営がうまく機能しているのではないかと思う。

権限移譲が結構進んでいるがゆえに，我々が本社の会長・社長や事業部のトップに聞くのは大きな投資に関することが中心で，日常のビジネスに関してはほとんどが任されており，キヤノン中国の経営会議にかけて，熟慮して即決している。自己責任で経営できる範囲が広いため，業務を遂行しやすい環境にある。

問：現地中国人の活用はどうか。

地域本部の5支社長は日本人だが，16支店中9支店のトップは中国人，支店の下の16営業所のトップはすべて中国人である。ただ，人材という点では課題も抱えている。仕事ができ，性格がいいだけでは不十分で，不正をやらないことが絶対に必要になってくる。どこの会社でも多かれ少なかれ不正が起きてしまうと聞いている。したがって，不正をせず，人間的にも魅力があって仕事ができる人でないと，マネジメント層を現地化していくことは難しい。我々日本人はいずれ帰国するが，会社は半永久的に存続し続ける。今いる中国人スタッフがしっかり育っていくのはいいことだが，「不正をしない」ということが必要で，ここが大きなポイントだと思う。

キヤノン中国はZD運動を行っている。ZDはZero Dishonestyのことで，不正をゼロにしようということだ。監査部門を強化し，ZD委員会をつくって各支店に責任者を置き，ポスターを張って啓蒙し，不正があればホットラ

インで監査部門に通報させる。それらを調べた結果，残念ながら解雇に至るケースもある。習近平体制の政府も「不正撲滅」をやっているから，いいタイミングだ。本当にゼロにしようよと言っている。

月曜日は紅いネクタイ，紅いスカーフを着用

問：社員のやる気を出させるために何か心掛けていることは。

社員の情熱を燃やす仕掛けを考え，実施している。「紅いネクタイ」が秘訣だ。月曜日はパッションデーとし，その象徴を紅いネクタイにしている。我々は販売会社なので，情熱と挑戦のマインドが必要になる。特に月曜日は1週間の最初の日で重要な日にもかかわらず，休み明けで仕事に集中しにくいので，男性は紅いネクタイ，女性は紅いスカーフを着用して，元気を出すようにしている。もう14年も続けている。

トリガーになっているのはタイガー・ウッズ[34]だ。勝負のときや大事な場面では，ウッズもアメリカの大統領も中国の指導者も必ず紅を身につける。キヤノンのロゴも紅だし，中国やシンガポールの国旗も紅である。私自身も紅が好きだ。東京の本社から出張して中国に来る人も，そのことを知っているので，紅いネクタイを締めてくる。

また，毎朝，各部門が持ち回りで社内のすべての部門を挨拶して回る「ニーハオ運動」も行っている。順番が回ってくるのは2カ月に1回くらいで，今日は人事，明日は総務という風になる。その挨拶部隊が団扇を持って，「ニーハオ，ニーハオ」と毎朝挨拶をする。そして昼の2時半になると「フラッシュモブ」。突然ダンスミュージックが流れ，皆で踊ってリフレッシュする。「ニーハオ運動」は14年続けており，「フラッシュモブ」は5年前から始めた。当初は体操をしていたが，誰もやらないので5分間踊らせることにした。これは，シンガポールやインド，タイ，ベトナムなどの管轄のアジア

---

34 アメリカ・カリフォルニア州出身のプロゴルファー。生涯獲得賞金額が1億ドルを突破し歴代1位。

全12社でも実施している。

　元気な企業風土をしっかり作り，挨拶をさせることが重要だと思う。そもそも，挨拶もしないし，感謝もしない人間に販売ができるのか。誰もが頭ではわかっているのだが，実際に行動できていない。ここから徹底的に変えてやろうと思った。感謝の気持ちと挨拶の励行は企業風土改革の原点と言える。

会議で発言しなければ「出場停止」

　問：キヤノンにおける中国事業の位置づけと人材育成は。

　現在のキヤノングループのビジネスは，売上ベースではまだ日・米・欧が中心だが，中国を含むアジアのウェイトが今どんどん上がってきている。会社もアジア，中国に注目して，資金も物も人材も出してくれるようになった。製品にしてもアジア，中国を意識したモデルを作ってくれている。

　人材について私は「トップクラスを派遣してほしい」と言っている。欧米はある程度まで成長し，組織もしっかりしているから問題はないが，アジアは一流人材が必要だ。一流とはIQ（知能指数）とEQ（心の知能指数）が揃っている人材で，特にEQが重要だ。仕事はできても変わり者ではダメで，現地スタッフから不平不満が出ると優秀な人が辞めてしまう。だから日本人幹部は人間力が旺盛でEQ力の高い人が必要になる。

　最近特に強調していることは，「沈黙は金でなく，罪」ということだ。会議で一言もしゃべらないメンバーにはイエローカードを出し，次回は「出場停止」になる。会議が進み，2時ごろになって「残り3時間で発言しないと来月出場停止」と言いながら，発言していない人の名前を発表すると皆発言する。言いやすい雰囲気を醸し出すため，私も上着を脱いで冗談を飛ばしたりする。そして体制的なことばかりではなく，厳しい意見も出してくれと言っている。

　問：人材育成で特に心掛けていることは何か。

　本社では社員をアメリカ，日本，イギリス，シンガポールに派遣して研修を行っているが，キヤノン中国でも各種のトレーニングを実施している。私

は幹部にはIQ，EQ，AQ，GQの4つのQが必要だと言っている。IQは頭のよさや仕事の能力，EQは人間力，AQはAdversityで忍耐力とか困難に立ち向かうタフネスさ，GQがグローバル能力で，これらを育てる研修をしている。

ほかにはプレゼンテーション能力が必要で，マネジメントする立場になったときに重要なことは，自分の考え方を伝える能力である。この能力がまだまだ低い。スピーチやプレゼンテーションをするときに，皆に背中を向けていたら，聞いている人の中には寝てしまう人もいる。だから演台を取り払って，ヘッドホンマイクでスピーチやプレゼンテーションをすることで注目してもらい，聴衆にしっかりと理解してもらう工夫をしている。だんだんうまくなってきたが，とにかく訓練が大切だ。

「一帯一路」，チャンスあれば積極的に

問：中国の「一帯一路」についてどのように取り組んでいるか。

大変注目している。チャンスがあれば積極的に関与していこうと思う。特にシルクロードは関心があり，2014年から西安政府と組んで「美しい中国を残す」というテーマで文化や自然の映像を撮影し，残していく活動に取り組んでいる。私も参加し，甘粛省や河南省そして新疆ウイグル自治区などに行った。

問：日中関係をよりよくするため，今後を担う若者たちにメッセージをいただきたい。

中国人は優秀だ。大学生を8年前から採用しているが，情熱もあり，よく勉強している。英語も皆できるし，特に女性が秀逸だ。この7年間，毎年20人の中国人大卒者を採用したが，試験をした結果，ほとんどが女性の採用となった。5年くらいは研修・育成期間でもやむを得ないと思っていたが，とんでもない。1年で立派になってくれている。

20人採用するのに7,000人が応募してくるが，意欲や情熱があり能力が高い学生が多い。勉強と生活がつながっており，一所懸命勉強をすると収入が上がり，自分の生活レベルが上がる。そうするとよい仕事も来るから，さら

に頑張る。

　今，中国もアジアもそのような潮流が押し寄せている。それに負けないような日本人を育成していかないといけない。タフで，したたかでないといけない。日本人社会でも，仕事はできても耐久力や持久力のない人がいる。そして，耐久力や持久力をつけると同時に，私は雑談力を強くしろと言っている。このような若者を中心にして，日本人と中国人が互いに理解し合い，ビジネスを通じて成功しあえば，時間はかかるが日中関係も前に進んでいく。

あせらず，あわてず，あなどらず，あきらめず

　問：現地の社長として心掛けていることは何か。

　中国は大きな国で，大陸的感覚で長江の流れのように懐深く大きく構えていくべきと思う。目先の事で右往左往していたら成功しない。私は今，北京で最長期間社長を続けている日本人となった。何しろ14年になる。他の企業では4～7代目の人もいる。それでは中国はわからないし，社員がかわいそうだ。この国こそ"あせらず，あわてず，あなどらず，あきらめず"の4つの"ず"で行くべきだ。

　また，中国は日本人にとって最もやりにくい国だと思うが，以下のことを肝に銘じるべきだろう。まず，固定観念を持たない，柔軟に対応すること。また，日本人は白黒をつけたがるが，場合によってはグレーのままにしておかなくてはならないときもある。"郷に入っては郷に従え"である。この辺のさじ加減はやはり経験しないと，その塩梅がわからないと思う。日本と中国の若い人たちが頻繁に交流することで，知中家や知日家が増えていくことで，日中関係もさらに改善されていくだろう。

　私も，日中友好関係構築に向けて，鋭意努力を続けていきたい。

　撸起袖子加油干！（腕まくりをしてがんばりましょう！）

2 チャンスをつかんだ日本企業

　対中進出で実績を残してきた企業は少なくない。すでにトップ経営者として紹介した日揮など4社に加え，ここでは東レ，資生堂，ダイキン，森松工業の4社を取り上げてみる。いずれも同時期に前後して中国進出し，長年の苦労を経て中国事業の黒字化を実現している。

　これらの会社の共通の特色は，創業家経営者や中興の祖と言われる実力経営者がぶれずに中国事業を推進してきたこと，日本本社の経営基盤がしっかりしていて中国事業の赤字を支えることができたこと，業種により形態はまちまちでも「現地化」を着実に実現してきていること，などが挙げられる。

（1）東レ：「付加価値の高い汎用品」で差別化図る

> ● 東麗（中国）投資有限公司の概要
> 　①本　　　社　　上海
> 　②主な事業　　　上海，南通，儀征，蘇州，北京，青島，滄州，仏山，
> 　　拠　　点　　　深圳，中山，珠海，成都，香港
> 　③主な製品　　　繊維，プラスチック・ケミカル，情報通信材料・機器，
> 　　　　　　　　　炭素繊維複合材料

1993年に「一地区集中」など4項目の経営方針定める

　東レは1985年に北京に事務所を開設した。中国事業の展開は「前向き後ずさり」の状況であったが，この時期に，陝西省の国有企業にマイナー出資した経験が，結果的にその後にいきることになった。出資金の回収は困難であったが，それ以上に陝西省政府の人脈，国有企業の経営に対する考え方，人事面を含めた中国事業ノウハウを身につけることができた。さらに，この合弁事業で雇った現地の中国人の中には優秀な人材もおり，今でも欠かせな

い戦力になっている。

　大きく前に踏み出したのは1993年である。このときに以下の4項目の基本方針を決めている。

　第一に一地区に集中し，リスクをコントロールすること。

　第二は「独資」でのスタートである。経営方針を貫徹しスピード感を持つには，「独資」のほうがいいと判断した。工場経営では初期にどうしても赤字が出るが，「合弁」だとなぜ赤字なのか，中国側になかなか理解してもらえないということもあったからだ。

　第三は，ほどよい大きさの拠点選びだ。「カニの穴」みたいなもので，大きすぎると手に余るし，小さすぎると目立たない。

　第四は高品質である。普及品の大量生産を行うが，スケールだけでなく，品質で勝負していく。管理技術の面でも優位性を発揮していく。

拠点選びに「程よい大きさ」の都市，数十個所を回って探す

　基本方針に従って土地選びを開始した。拠点を決めるには，数十個所を見て回ったという。上海は大きすぎるし，あまりに小さい都市では，相手に力がなさ過ぎてうまくいかない。最終的に選んだ「江蘇省南通市」は，ほどよい大きさで，地域社会との友好関係を保つにも都合がよかった。南通には繊維産業の伝統があったことも決め手の1つになった。ここに100万㎡の土地を購入し，翌1994年から工場建設を始めていく。ポリエステルフィラメント，染色，織物の一貫生産を開始した。

　南通には今でこそ高速道路を使って1時間半位で行けるが，当時は橋もなく，揚子江を渡るフェリーに乗って4～5時間はかかった。霧でフェリーが止まることもしばしばだった。

　このほか上海に商事会社を作り，広東省にも生産拠点を設けた。全国展開はせずに，基本方針に従って，生産拠点は南通と広東省（深圳，中山）だけに絞った。

2010年ごろから黒字幅が急拡大，軌道に乗る

　南通での生産は1999年ごろからスタートし，広東省での生産も2001年ごろには始まった。だが，しばらくは初期の赤字が続いた。黒字に転換してからも，伸び率はそれほど大きくはなかった。それが2010年以降になると，一気に黒字幅が拡大していく。

　東レの中国での売上高推移を見ると，3つの段階に分かれる。2001年から2009年ごろまでが第一段階，それ以降から現在までが第二段階と分けられよう。10年単位で変化してきており，今再び，次の第三段階に入りつつあると言えるかもしれない。

　第一段階から第二段階へ移行した2010年は，当時の中国の1人あたりGDPがちょうど3万元を超えたころで，リーマン・ショックによる打撃も乗り越えて，明らかに消費に勢いが出てきた。東レの商品も中国内で受け入れられ，高く売れるようになってくる。東レの中国連結子会社合算の営業利益も100億円を上回ってくる。2010年から現在までの第二段階では，売上が2倍近くにまで伸びている。

あくまでも採算を重視

　中国での予想もしない競争と厳しい市況環境に直面することになった。まず，予想外に現地の私営企業との競合が激しい。その上，私営企業は常識外の巨大な規模で，しかも信じられないほどの安い建設コストで参入してくる。日本の3分の1などという安い水準だ。東レは高品質で勝負していくが，品質の差を価格で認める市場ではなく，新製品を出してもすぐに真似され，もっても半年という状況だった。特にポリエステル市場は，政府も供給過剰な状況を黙認していたこともあり，苦戦が続いた。

　そこで東レが重視したのは，あくまでも採算重視だった。普通の汎用品では私営企業に圧倒されてしまう。高付加価値の「特品」だけでは，単価あたりの利益は高くても，市場が狭いので売上増に結び付きにくい。そこで狙ったのは，「付加価値の高い汎用品」だった。これならば，たくさん量が出る

し，付加価値も高いので，事業拡大を期待できる。

　さらに「構造」も変えていった。売上が落ちたときに，何も手を打たなくても，市況が回復すればある程度の戻りは期待できるが，それだけでは長続きしない。やはり「構造」そのものを変えていかなければ，厳しい市場に対応していけない。

　「付加価値の高い汎用品」に的を絞るだけでなく，①中国人の経営者を増やしていく，②中国製の機械を設備だけでなく，工場建設にも使う，③現地企業が持っている各種の機能を利用する，といった方策を徹底した。

　さらに製品を高く売るには，問屋ではなくアパレルメーカーに直接売ったほうがよいのだが，それには「納期」を厳しく守らねばならない。その点を一歩一歩改善していった。こういった対策が功を奏し，2006〜2008年ごろには，赤字構造から脱却していく。

現地化の推進＝放任ではない

　現地化にも積極的に取り組んだ。その際に重視したのは，「育成→処遇→登用」のサイクルをうまく確立することだった。どのグループ会社も育成までは進んでいたが，処遇と登用には差があった。

　現地化のポイントは，「ローカル」（ナショナルスタッフ）が「自分の会社」だと思って働いてくれるかどうかである。いわゆる「忠誠心」よりも，会社との関係はずっと強い。特に，課長，部長クラスの「ローカル」が自発的に提案を出す風土が大事である。「ローカル」は自分たちが会社に期待されていること，努力や創意工夫によって，現法の収益改善が自分の処遇向上につながることで，確実にモチベーションが上がる。そのための評価制度の設定も重要である。

　たとえば，「安全第一」の例がある。「安全第一」は長年の経験で作り上げられた安全管理のマニュアルを手順どおり遵守し，日々継続することにより実現する。安全管理の標語や注意点は，ノートや手帳に書き込んで身に着ける。南通のローカル化の進んでいる会社では「ローカル」自身の提案で，自

主的に安全標語の横に家族の写真を貼った。これは，怪我をした場合，一番困るのは本人や家族であるという安全の本質を捉えたものである。「ローカル」から建設的な提案が出てくるようになると，現場力が確実に向上する。

一方，現地化の推進＝放任ではないと考えた。事業の推進は現地と本社が連携して初めて効率的に進むものである。本社への適時適切な報告や相談は事業推進上必須であり，監査も含めた法令遵守，安全管理，業務等のチェック体制も当然必要である。中国現法に何もかも任せきりとするのは適切ではない。万一，コンプライアンスで問題が発生した場合には，本社には管理責任がある。本社が日ごろから正確に現地の状況を把握し，方針を明確にしてコントロールを維持するのは当然と考えた。

「安定生産と高品質」への継続的な取組み

2010年以前の中国の消費構造を見ると，高付加価値品の需要層である高所得者レベルの層はごく一部だった。真ん中の所得層もまだ少なくて，下層だけが大きく膨らんでいた。それでも経済発展に伴って次第に中所得層が増えてくる。東レは「中の上」，つまり増えてくる中所得層の上の層に狙いを定めて，攻めていった。売上は目立って拡大していった。

もう1つ注意したのは，安定生産である。中国人の生産担当のナショナルスタッフが，決められたことを常に同じ手順で作業し，生産条件を安定させ，同じ品質の製品を作り続けるのは難しいからだ。

生産を増やす目的だけで設備増設することもしなかった。設備更新のときには，できるだけ前よりも高効率化，高品質の設備に替えるなど，質の向上に力を入れた。

東レに言わせると，必ずしも東レは中国での「成功事例」ではない。「成功事例」というには違和感があると言う。確かに黒字化を達成して安定はしてきても，中国の変化は大きく速い。2～3年先，5～6年先はどうなるかわからない。「成功事例」というのはあくまでも完成形である。その点から見れば，東レの中国事業はまだまだ課題も多く，完成の領域には達していな

いということになる。

　中国市場が大きく，ビジネスチャンスはいくらでもあるが，ビジネスを構築し，利益を出していくことを継続するのは非常に難しい。年々上昇する労務費，年々厳しくなる環境政策などに適切に対応し続けないと事業の拡大，継続ができない。

　特に，東レが南通で生産しているポリエステルの織物は差別化が難しく，単に生産性を上げるだけでは，コストの安い中国メーカーとは勝負にならない。商流を問屋向け商売からアパレル直販商売に変更すれば利益率が改善されるが，そのためには，厳しい品質基準や納期遵守の徹底という高いハードルがある。これらの課題を生産，営業が一体になって1つひとつ乗り越えていった。また，売り方の工夫も重要だ。たとえば小さな布のサンプルだけではわかりにくいので，縫製品にまでしたサンプルを作って持っていくと，製品にしたときのイメージがより具体的にわかる。

「世界第二の経済規模」が消費を後押し

　それでも2010年ごろから急に伸びていったのは，中国が「世界第二の経済規模」になり，消費が爆発的に拡大していったことが背景にある。市場がシュリンクしていると，何をやってもうまくいかないが，中国のように大きな市場があれば，やりようがある。伸びている市場で商売ができるのは，幸せなことと言えよう。

　内陸部にも市場が広がってきた。四川省では自動車，航空機，電子情報などの産業も発展してきている。そういった産業にフィットする素材であれば，今後拡大が見込める。「エンプラ」(エンジニアリング・プラスチック)のような，特に強度に優れ，耐熱性など特定の機能を強化してあるプラスチックは，特に有望だ。

　もっとも中国も新しい第三段階に入り始めている。米中経済戦争が深刻化し，中国は米国からたたかれている。かつて日本は1985年ごろに日米貿易摩擦で米国からたたかれ，停滞してしまった。中国は日本の二の舞になるか，

それとも日本とは違って，突き抜けて米国を超える経済規模となるかどうか，そのターニングポイントに今，差し掛かっている。突き抜けていけば，消費もさらに増えていこう。

東レの中国での会社数（2018年3月末現在）は36社。最新の事業は，2017年11月13日に設立した広東省仏山市での不織布製造事業で，早くも2018年3月1日には杭打ちが始まっている。2018年1月に東レの日覺昭廣社長が広東省を訪問し，馬興瑞省長と交流したことが現地の新聞記事になった。機会あるごとに経営トップが中国トップと交流することが，東レの中国展開に役立っている。

（2）資生堂：「消費者のレベルアップ」に着目

- 資生堂（中国）投資有限公司の概要
  - ①本　　社　　上海
  - ②工　　場　　上海，北京
  - ③主な製品　　化粧品，パーソナルケアー商品

1981年に中国進出，順調に業績を伸ばしていったが……

資生堂にとって中国市場は一貫して「成長ドライバー」の役割を果たしてきたが，2010年ごろから売上が低迷し，かつての輝きを失っていた。それがここにきて売上がV字カーブで上昇し始め，再びブームを引き起こしている。なぜ中国市場での復活が可能になったのか，その要因を探ることは，化粧品業界のみならず他産業にとっても中国市場攻略のヒントを提供する。

資生堂の中国進出は1981年と早かった。改革開放政策が始まったのは1978年末だったが，そのわずか数年後には，北京の友誼商店や北京飯店などには，資生堂の製品が並んでいた。とりわけ1991年に現地法人を設立してから急速な成長を遂げ，売上規模は1,000億円を超えるまで拡大していった。各地に専門店を設け，化粧品の販売だけでなく，美容教室などさまざまなイベント

も開催し，中国におけるファッション文化の担い手にもなっていった。

しかし，2010年ごろから成長が鈍化し，収益面でも苦戦する状況が続いていた。2015年アニュアルレポートでは，そうした状況を「課題は，ブランド価値が低下していること，市場の変化に対応できていなかったこと，そして，複雑な組織・プロセスにより管理機能が不全化していることなどがあげられる。結果，成長のエネルギーを失っていた」と総括している。

思い切って社長を外部から登用

不振が続いていた中国市場で，再びV字カーブの売上増となったのには，どんな要因があったのだろうか。第一に言えることは，社長の交代である。2014年4月，資生堂は外部出身者である魚谷雅彦氏が新たな社長に就任した。同社としても外部からの人材登用はこれが初めてであった。魚谷氏は1954年生まれ，就任時には59歳の若さだった。大学卒業後，ライオン歯磨（現ライオン）に入社。2001年に日本コカ・コーラ社長，06年から会長を務めた。日本コカ・コーラでは「ジョージア」「爽健美茶」といったヒット商品を手掛けるなど，マーケティングの手腕には定評があった。

資生堂は中国市場だけでなく，日本市場，欧米市場などでも低迷状態にあった。日本のシンボリックな企業だが，高度成長期のビジネスモデルから脱却できないまま，経費削減ばかりが進む，いわゆる大企業病に陥っていた。魚谷氏が社長に就任する前の売上高（3月期）を見ると，2006年の6,710億円から2013年の6,777億円へとわずかな伸びにとどまっていた。特に就任直前の2013年は売上高が6,777億円で，前年よりもわずかだがマイナスに陥っていた。

魚谷社長は就任の挨拶の中で，「単にこれまでの取組みを『強化』するのではなく，次の時代のために抜本的な『改革』を実行し，新たな価値創造と力強い成長を実現していく」と語っている。つまり事業方針や業務の遂行方法，組織のあり方などをゼロベースで見直し，かつての元気な資生堂を復活させていくことだ，と訴えたのだ。

グローバル化の進展の中で，ビジネスのあり方にも大きな転機が訪れていた。ところが資生堂は市場の変化，お客様の価値観の変化，購買行動の変化に対して，スピード感あふれる対応ができていなかった。魚谷氏は精力的に各地へ赴き，何が必要かを聞いて回った。そして2015年には「VISION2020」を打ち出していく。その中で2015年から2017年までは「事業基盤の再構築」の時期，2018年から2020年までを「成長加速の新戦略」の時期と位置付け，2020年の売上高目標として１兆円超を掲げた。

　改革の中心に据えたのは，イノベーション創出とマーケティング力，人材育成である。さまざまな現場に活気が戻ると，各地域での事業は上向きに転じ，売上目標１兆円も３年前倒しで実現することになった。そして2020年の売上高目標を１兆2,000億円に上方修正した。

中国市場では社長自らが陣頭指揮

　魚谷氏の資生堂再興計画の中で，特に力を入れたのが中国市場の再建だった。それまで資生堂の計画の中で，中国は「アジアパシフィック」に含まれていたが，2016年ごろから６つの地域，つまり日本，中国，アジアパシフィック，米州，欧州，トラベルリテール（空港免税店など）に分けるというグローバル経営体制が本格化し，中国は独立した事業体となった。

　注目されるのは，各地域事業体にはそれぞれ責任者を置き，権限の大幅な移譲を行っていったのだが，中国だけは当初，魚谷社長自らが陣頭指揮に立ち，中国事業革新プロジェクトを展開していったことだ。やはりトップの社長自らが明確な経営戦略を持ち，リーダーシップを発揮していかなければ，活路は開けない。中国市場にしり込みする経営者が増える中で，魚谷社長の積極戦略は特筆に値する。

25歳から35歳の若年層に目を付ける

　中国市場の動向を見てまず直感的に気が付いたのは，「消費者のレベルアップ」が起きていることだった。化粧品業界では一般的に，最も購買量の

多いのは40歳以上の熟年の年齢層である。高級品もこの層でなければ売上を増やしていけない。

ところが中国はもっと若い25歳から35歳の若年層が主力なのである。しかも中国の若者は収入もよい。2017年の中国の大学卒業生の平均月給は4,014元（約6万6,000円）。資生堂の化粧品は彼らの収入からすれば高いのだが、それでも1本1,000元や2,000元の商品をためらいなく購入していく。

資生堂は新体制の下で「プレステージ」と呼ばれる高級化粧品を販売の中心に据えているが、この戦略は中国でも通用することを確認した。これまで中国市場では「オプレ」と呼ばれる中国のデパート用のブランドが長期間にわたって人気商品となっていたが、プレステージ領域（高級品）においても大きく伸びている。

ソーシャルメディアを積極活用

しかも、こうした若者が化粧品の情報を入手するのは、ソーシャルメディアを通じてである。そこから知り得た情報を自分だけでなく、友達や知人にも伝えたりする。

そこで宣伝には従来と違って、デジタルメディア、特にモバイルメディアを活用することにした。多くの中国ローカルの人気スター、人気ブロガーなどをブランドの宣伝に投入し、中国版ツイッターの微博（Weibo）などに流している。

中国での売上も従来の百貨店や専門店などでの店頭販売から、eコマースへと急速に変化している。2015年12月期で見ると、eコマースの売上は前年比約60％も増え、占める割合は約15％となった。さらに2017年では26％にまで増えている。最新の計画では、2020年のeコマース目標は、売上の40％である。

それまで資生堂は中国市場で過剰な流通在庫の存在に悩まされてきた。そこで緊急の課題として流通在庫を適正な水準に戻すことが挙げられていた。eコマースが増えてくれば、それだけ流通在庫の管理もやりやすくなろう。

2017年の売上は22％の大幅増

　資生堂の2017年業務報告によると，資生堂の中国市場における売上高（2017年，円ベース）は1,443億円で，前年比22.2％増となった。ちなみに資生堂全体の2017年の売上高は1兆51億円で前年比18.2％増だったので，中国での業績は全体よりも上回っていたことになる。

　資生堂が従来と同じように，百貨店などでの専門店を中核とし，熟年層中心の販売戦略を進めていたら，これほどの伸びはなかったはずである。既成概念にとらわれない新社長が，リーダーシップを発揮する。そして市場の変化をしっかりと把握し，最もふさわしいメディアを活用して宣伝していく。日本の多くの企業が見習うべき点がここにあると言えよう。

図表Ⅲ-1　資生堂の事業セグメント別売上高比率

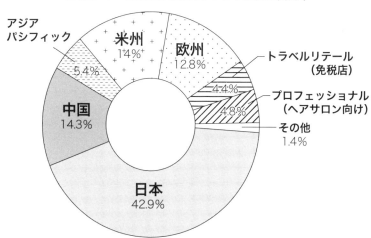

出所：資生堂「アニュアルレポート2017」

（3）ダイキン：業務用エアコンにターゲットを絞り込む

- 大金（中国）投資有限公司の概要
  - ①本　　　社　　北京
  - ②工　　　場　　上海，蘇州，西安，恵州，広州，珠海，常熟，九江
  - ③主な製品　　エアコン，フッ素化学製品

　ダイキンが中国に進出したのは1990年代半ばだった。家庭用エアコンはシャープやパナソニックが先行しており，関係者によると，進出当時はこれだけ商いが大きくなるとは夢にも思わなかったようだ。競争相手から遅れて進出したダイキンは，どのようにして自社製品を中国市場に浸透させていくか，知恵を絞らねばならなかった。

経験のない「強生」を代理店に

　そこで考えたのは，他社がまだ取り組んでいない業務用エアコンに的を絞り込んでいくことである。家庭用エアコンと違って，据え付けは大型になるし，アフターサービスも充実させねばならない。それでもダイキンが優位性を発揮するには，これしかないと考えた。

　さらにいくつかの方針を徹底させた。まず代理店は既存の家電関係ではなく，「強生」というタクシー会社を選んだ。これまでに代理店としての経験がないので，ダイキン側の言うことも聞いてくれるとにらんだのだ。同社には，設計段階から関与してもらい，強力なタッグを組むことができた。

キャッシュオンデリバリーを徹底

　「キャッシュオンデリバリー」も徹底することにした。「前金として15％，引渡し時に50％，試運転開始時に30％，半年後に残り5％」という割り振りである。しかも代理店にすべてのリスクをかぶってもらうことにした。

　中国進出の日本企業にとって，最大ともいえる悩みは代金回収である。踏

み倒されてしまうことも少なくなかった。しかし「キャッシュオンデリバリー」を徹底したことで，代金未回収で悩むことはなくなった。そのかわり，代理店には「3年後にはベンツを買える」と言って，十分な対価を渡した。

　もう1つは，本社で採用した中国人を積極的に登用したことである。彼らは私費で日本に留学し，そのまま本社で採用された。日本語はもちろんできる。彼らが期待に応えて活躍した。

現地のトップが全権を掌握

　さらにもう1つ挙げるとすれば，今本社の代表取締役兼副社長執行役員を務める田谷野憲氏のリーダーシップだろう。同氏は2004年6月に中国地域代表担当に就任してから，現在に至るまでその職にある。2009年5月には現法である大金（中国）投資有限公司の董事長兼総経理にもなるが，この職も現在まで手放していない。

　中国でのビジネスはすべて，田谷野氏が全権を握ってきた。もちろん重要な経営上の問題は本社に承認を求めるが，むしろ「本社は敵」と考えていたようだ。何らかの問題が生じても，情報管理をしっかりと行って，本社から要らぬ介入をされるのを防いだという。同社には井上礼之（取締役会長兼グローバルグループ代表執行役員）という強力な経営者がいるが，それでも立派な業績を残している限りは，現地での独断が許された。

売上シェア約30％に

　これらがうまくかみ合い，2000年代に入ると，売上は500億円からさらに1,000億円へと飛躍的に伸びていった。中国での売上が全体に占める割合も約30％まで増えた。これは中国で成功していると言われる資生堂やYKKと比べても遜色はない。

　ところが，2006～2007年ごろから曲がり角を迎える。リーマン・ショックの影響もあった。そこで大型空調や裾ものにも手を出したが，うまくいかなかった。

ボリュームゾーンでいうと，ハイエンドが苦しくなってきたので，ミドルエンドにも手を伸ばしたが，中国勢の追い上げでうまくいかず，そのうちハイエンドのほうも芳しくなくなってきた。中心となる業務用エアコンのシェアはなお，50％台を確保してはいるが，全体で見ると，中国勢や欧米系に追い上げられ，売上の伸び率は2ケタ台から1ケタ台に落ちてきている。

今後は家庭用エアコンにも積極的に販路を広げるとか，これまで手付かずのネット通販に乗り出すなどのテコ入れ策を取っていくことになろう。

（4）森松工業：「事業は人なり」を実践

- 森松（中国）投資有限公司の概要
    - ①本　　社　　上海
    - ②工　　場　　上海，南通
    - ③主な製品　　ステンレス製圧力容器，大型製缶品，産業用プラントの設計・製造

本社の経営資源を積極的に中国に投入

創業者である松久信夫会長（1940年生まれ）は18歳で家業（森松工業）を継ぎ，24歳で株式会社化し，いつかは海外に工場を作りたいとの夢を持ち続けていた。1975年に初めて中国を訪ねて以来，中国各地を廻って工場用地を探し続け，1989年になって上海の浦東に会社設立を決意した。

1990年10月，上海浦東新区の外資第一号合弁として，上海森松圧力容器有限公司を立ち上げ，翌1991年に操業を開始した。日本本社の主力商品であるステンレスタンク（圧力容器）の製造販売を行うが，当初は資本金80万ドル，従業員はわずか10名だった。しかも合弁パートナーとの経営方針の喰い違いから，数々の障害に遭遇した。また，いったん儲かるとなると，中国企業のコピー商品がなだれ込み，価格のたたき合いが始まり，会社は赤字経営という状況のくり返しだった。

1994年には合弁相手の出資持分の大半を買い取り，ほぼ独資企業にしたものの，売上高は年数億円で，低迷を余儀なくされた。
　松久会長の口癖は「社会主義中国は50年，大きな体制変化はなく，中国人の優秀性からすれば間違いなく発展する」「後世の曾孫（ひまご）たちから，曾お爺さんが発展した大国中国に工場を作ってくれた，と感謝されれば本望」というものだった。こうした思いから，日本のステンレスタンクのトップメーカーという，本社の経営資源を積極的に中国に投入して，中国事業を支えてきた。
　現在は「森松集団（中国）」として上海のほかに，南通にも工場を持ち，売上高はピーク500億円を超えている。松久会長の「世界一のタンクメーカーを目指す」という長年の夢も，実現しそうな勢いである。

「事業は人なり」を実践

　同社の最大の発展要因は，松久会長の信念である「事業は人なり」を実践し，一貫して人材確保と教育訓練，思い切った登用，すなわち人材の現地化をすすめ，技術の集積に注力している点にある。この点は他の多くの中国事業先進例と共通する「現地化」の考え方の基本である。
　松久会長自身，岐阜工業高校機械科を卒業して，21歳のとき，全国溶接技術競技会に最年少で出場したことを誇りとし，難しいとされてきたステンレス溶接技術の研究・開発に取り組んできた。42歳で岐阜大学工学部に聴講生として入学し，4年間毎時間教室の最前列に座り勉学に励んだという。
　松久会長は，何よりも優秀な大学新卒のエンジニアの採用に力を入れている。中国の主要大学の理工系大学生を積極的に採用し，毎年優秀な人材を獲得している。ピークの2014年時点で，森松集団（中国）の従業員総数は4,000名，そのうち大学卒エンジニアは1,500名を超えている。
　教育投資も充実しており，徹底的な英語教育を行い，欧米ユーザーとの商談，技術交流は基本的には英語で行っている。優秀な職員については，会社の費用負担で家族帯同の海外留学制度があり，すでに数名の中国人やベトナ

ム人技術者の博士が誕生している。また毎年40～50名が海外研修旅行に出掛け，見聞を広めている。

　このような人材育成策は，同社人材の層の厚さをもたらし，ライバルメーカーからの人材引き抜き攻勢への対抗策ともなっている。

　新卒採用だけでなく，経験豊富な年配の専門家の招聘にも力を入れている。日本の一流企業を定年退職した高級技術者を技術顧問として迎え入れ，若手職員の指導にあたらせる。その人数は十数名を数えている。IoTについてもいち早くドイツの世界的有力企業と共同研究に取り組んでいて，最近では，日本の大手通信関係会社で定年を迎えたIoTの専門技術者を顧問として迎え入れている。

　上海工場には，いち早く研究・開発センターを設置し，惜しみなく高級な計測機器や検査機器等研究・開発のための設備投資を行っている。

　女性も積極的に活用している。同社は重量のある大型製缶製品を製造しているので，どうしても男性優位の職場になりがちだが，松久会長はこれまでの中国での長年の経験から，都会出身者よりも地方出身者を，男性よりも女性を採用しようという明快な方針を示している。この結果，優秀な女性人材を数多く採用できている。たとえば，世界を舞台に飛び回る営業第一線の営業部長，副部長，課長はいずれも女性のエンジニアである。これを本社からサポートするのも，上海森松設立以来十数年間現地に駐在し，松久会長の中国語，英語の通訳も務める西村今日子取締役グループ営業企画部部長である。

日本人管理職駐在はゼロ

　発展のもう１つの要因は，現地化を基本原則とし，権限委譲を積極的に図っていることだ。稼動中の上海工場および南通工場も，すべて1998年に34歳で上海森松圧力容器の第五代工場長に就任した，薛絳頴氏（帰化して日本名　西松江英氏）が管理し，日本人管理職駐在はゼロという徹底した現地化を実現している。

　西松氏は，華東理工大学を卒業して，上海市労働局でボイラーや圧力容器

の安全検査官として働きながら，日本語を独学で勉強していた。その後松久会長が身元保証人となり日本の岐阜大学工学部で化学工学を勉強し，森松工業本社に入社した。

　上海森松に赴任後は，中国でのポリエステル繊維やプラスチックの需要拡大を見据え，その原材料となる高純度テレフタール酸（PTA）製造の反応釜（チタンとステンレス製の直径10mの大型製缶製品）の開発に成功して，上海森松発展の基礎を作り上げた。働きながら欧米系大学である「中欧国際工商学院」（China Europe International Business School, CEIBS）のEMBAを取得，日本，中国，欧米の長所を取り入れた経営を実践している。

　西松氏は森松工業本社の取締役にも就任し，2013年に2代目社長となった松久晃基氏の推進するグローバル戦略展開の一翼を担っている。松久会長は，上海森松の成功の最大の要因は，西松氏にめぐり会えたことと述懐している。

順調な中国事業にも世界経済，中国経済の風波が襲う

　2008年のリーマン・ショックの影響は，順調に業容拡大してきた森松集団（中国）にも及んだ。それでも松久会長の危機管理原則「全世界取引」「全業種取引」の布石が功を奏して，さしたる収益の落ち込みもなく乗り切っている。リーマン・ショックの最中，中国人女性営業技術者が長年出入りしていたダウ・ケミカル社から，シェールガス関連プラント（20億円）の新規受注を獲得して，全社に明るい話題を提供したエピソードが思い起こされる。

　西松総経理の提案で2009年10月からスウェーデンの製薬プラントのモジュールエンジアリング会社Pharmadule社と戦略的提携契約を締結した。さらに同社がリーマン・ショックの後遺症で破産申請し，株主の英国のプライベートエクイティが資産売却の競売を実施した際には，機会を逃さず迅速に決断し，落札している。

　2011年4月，ストックホルムにPharmadule　Morimatsu　AB（資本金2,600万円，森松工業100％出資）を設立して，上海の製薬設備工場の中国人技術者を常駐させ，欧州営業と人材養成の拠点とした。Pharmadule社の旧

経営陣とも友好関係を維持し，数人のスウェーデン人設計技術者が上海にも駐在し，中国人技術者の養成にも貢献している。モジュール技術の導入はその後大きく開花して，製薬設備だけでなく，食品，化粧品，リチウムイオン電池など多くの分野の製造プラントに応用拡大し，当社収益の柱の１つに成長している。

　森松集団のモジュール技術は，商品製造プラントの工程別・機能別ユニットを個別に作り，ユーザーの現地工場で組み立てる。これにより現地の組み立て工期は５日程度に短縮され，大幅なコストダウンが実現する。同社にとっても製缶のみよりはるかに付加価値が高い製品ができ，発展の原動力になっている。

　ところが2012年の日本政府による尖閣諸島国有化に端を発した日中両国政府の対立以降，中国政府や中国大型国有企業の設備，部品調達方針変更（日本企業からの調達排除）が同社を直撃した。上海森松の従業員持ち株会を作り，一部の事業においては独資から実質日中合弁に転換するなどの対策を立てたものの，中国大手国有企業向け売上減少は避けられず，2015年には数十億円の赤字計上に陥った。

　「赤字は１年で乗り越える」との松久晃基社長の方針の下，①人員の20％（800人）削減，②売上構成を海外：国内＝40：60から60：40と輸出主導へ転換，③大手会計事務所のコンサルティングを受け入れて，計数管理の再構築を行い精緻化（業績・業容把握の迅速化）する，などの対策に果敢に取り組んだ。いずれの課題も相当の困難に直面しながら解決を見て，2016年には売上減少にもかかわらず，収益は赤字転落前の水準にほぼ回復し，2017年以降，受注，収益とも上向きに転じ，数十億円の黒字を実現したという。

　海外比重逆転の主力は米国である。新たにバイオ関連大手Amgen社からのバイオ関連製品製造モジュールプラントも受注（一式30億円），これを機会にバイオ分野への市場開拓をもくろんでいる。Amgen社は旧Pharmadule社幹部とつながりがあった。2009年の戦略的提携，2011年のPharmadule Morimatsu AB設立が，二度も同社の危機を助ける役割を果たしている。

長年にわたり従業員教育・育成・登用に力を入れ，高級技術顧問陣との協働，海外企業からの技術指導受け入れと企業機密遵守，買収企業経営陣との良好な関係構築など，同社を取り巻く良好な人間関係が危機を救い，次の飛躍をつかんでいる。松久会長の「事業は人なり」の経営哲学が深く浸透し根付いていると言えよう。

　800人の大型人員整理も，直接担当し個別折衝を行った西松総経理が，「もう二度と人員整理はしたくない，しない」と口にするほど苛酷なものであった。長年にわたる日ごろの本社トップの上海出張と食堂のおばさんに至るまでの中国人従業員との交流（年数回，食事会を開いたり，春節の全社大宴会における仮装大会で，会長，社長以下本社役員が出場するなど）に気配りしてきたことで，従業員と経営者の相互信頼が培われ，最終的には800人削減が混乱なく実現し，1年でV字回復した最大の要因になっている。

　西松総経理の年功序列を排した信賞必罰による公平な人事・労務管理に対する従業員からの信頼，本社会長・社長からの厚い信頼，さらに業容拡大した中国事業の管理面を支える本社真田取締役とのチームワークなどは，労務管理が難しい中国事業運営に多くのヒントを提供している。

　今新たな風波が上海森松に襲って来ようとしている。「米中経済戦争」の影響である。中国からアメリカへの輸出製造プラント製品に25％の関税が課されれば，そのままアメリカでの引渡し価格の上昇につながり，大きなダメージになるのは目に見えている。今後，新規受注への悪影響は必至で，まさに一難去ってまた一難であるが，欧州やインドなどアジア新興国への一層の市場開拓（もちろんすでに着手している）などで，なんとか乗り越えようとしている。まさに中国ビジネスに終わりなしである。

3　若手ビジネスマンに聞く

　2018年夏の昼下がり，各界の日中の若手ビジネスマン10人に集まってもら

い，対中ビジネスの現状や将来について，縦横に語ってもらった。年齢はいずれも20〜30代。10人ともそれぞれに，留学や現地法人勤務などを通して，日中のビジネスとさまざまな形で深く関わってきているだけに，議論は白熱した。これからの対中ビジネスを考えていく上で，大いに参考になるだろう。

＜討論参加の若手ビジネスマン＞

Aさん：大手商社勤務。2017年まで7年間，中国の出資先で経営者の1人として働いた。現在は日本でエネルギー分野を担当している。日本人男性。

Bさん：大手商社勤務。2018年春まで約5年間，香港，北京の現地法人に勤務した。日本人男性。

Cさん：中国のメディア関係の大学を卒業。今は日本のアニメプロダクションに投資している中国投資ファンドの日本駐在員として働いている。中国人女性。

Dさん：日本の3つの大学で留学生経験あり。専攻は音楽教育。今は国際教育交流や留学生支援の分野で活躍している。来日18年。中国人女性。

Eさん：大学4年生。2017年まで中国に留学した。2019年春から経済産業省に入省予定。日本人男性。

Fさん：9年前に会社を設立し，越境ビジネスを手掛ける。今は中国との医療技術・サービスの連携推進および企業間の連携を目的とした団体に勤務。中国，台湾に留学経験あり。日本人男性。

Gさん：大手商社勤務。過去1年でワシントンと北京にそれぞれ半年間研修した。日本人女性。

Hさん：医療用医薬品卸売業の会社に勤務。現在は関係会社に出向中で，日中間のビジネスを担当している。中国人男性。

Iさん：中国のIT企業に8年勤めた後，日本のインターネットメディアの企画，運営会社の社長として3年。現在は，AIのベンチャーを起業している。日中間を行き来し，ビジネスや経済交流に奔走している。中国人男性。

Jさん：北京に駐在経験あり。日本人女性。

（1）日中ビジネスの違い

中国人がお金をたくさん持つようになった

司会：日中ビジネスの現場は激変しているようだが，具体的にどのようなところか。

Bさん：中国滞在から久しぶりに日本に帰ってきて，中国人の観光客や店で働く中国人の店員さんなどが増えているのに驚いた。もちろん外国人そのものが増えているのだが，その中で特に中国人の増え方が目立っている。にもかかわらず，日本が抱いている中国人に対する印象は何も変わっていない。中国での5年間の滞在中は，キャッシュレスやシェアリング自転車がすごい勢いで普及していくなど，中国発展のダイナミズムやスピード感をこの目で見てきた。中国の優れている面が出てきているにもかかわらず，日本人はそうした動きや実態をあまり理解していない。昔のままの中国へのイメージで接している。

Aさん：この10年間で，わが社でも中国人従業員が圧倒的に増えた。これまでわが社の中国担当は，日本人がほとんどだった。彼らは中国語を勉強して，中国ビジネスの現場で働いて経験を積んできた。ところが最近は中国で育ち，日本語も話せるという中国人の人材が新入社員として多く入ってきている。彼らが中国とのビジネスを担当したり，場合によっては中国と関係のないビジネスにも関わったりしている。

Cさん：日本に来る前は日本に保守的なイメージを持っていた。確かに来日したてのころ，自分が会議で遠慮なく発言すると，「女性にしては，ずいぶん積極的だな」と驚かれたことがあった。しかし最近はそうしたこともなくなって，自然に交流ができている。日本人の中国人に対する意識も変化してきていると感じている。

Eさん：十数年前に卓球留学で北京に滞在したことがあるが，そのときは街を歩くと，上半身裸のおじさんをみかけることもあった。大学に入ってから，留学生として再び北京に行くと，今度はスーツを着た人がたくさんい

るのに驚いた。中国がこの10年間で一番大きく変わったのは，人々の「素質（素養）」ではないだろうか。
Fさん：大きな違いは，一般の中国人がお金をたくさん持つようになったことだ。それに伴って，消費サイドの力が強くなって，サービスを提供する側と受ける側との立ち位置が変わってきたように思う。

アリババでは半年以上の計画はない

司会：日本と中国とでは，モノの考え方や行動の仕方が随分と違う。日本の対中ビジネスの現場で，何か気が付いたことはあるか。
Iさん：中国は変化が速いので，日本の企業はなかなかそれに順応していけない。日本の企業は年度計画や中長期計画を綿密に策定しているが，自分がいたことのあるアリババでは期間が半年以上の計画はなかった。IT関係事業だからということもあるが，すべて短期決戦でやらないと対応していけない。こうした面で，日中両国の違いは顕著だ。
Fさん：とにかく中国は何ごとにもスピードが速い。そこには日中でのビジネスのやり方の違いがあると思う。日本人は細くても長いほうがよいと考えるが，中国人は一発勝負をしていく。中国では，今欲しいものがいくらで出せるか，そこで商売が決まってしまう。しかも中国からの要求はざっくりとしている。日本側はそれに対しもう少し要求の中身を絞ってくれと言う。そんなことをしているうちに，商機が逃げて行ってしまう。
Aさん：日本企業は判断が遅すぎる。また，現場をわかる人が判断の権限を持っていない。中国の現場では，「本社にすべて報告しろ」「本社はすべて知りたい」と言われることが多かった。本社の気持ちもわからないわけではないが，日々刻刻と状況が変わっていく中で，すべてを報告することは不可能だ。現場に近い感覚を持った人が判断したほうがよいのではないかと思った。特に中国のような変化の速い国では，追いついていけない。
Dさん：私の周りには貿易，不動産，教育，飲食関係の仕事をしている中国人の経営者が多い。彼らはみな，行動派だ。東京大学のある友人は自分か

ら独立して塾の経営を始めた。すぐに私にも一緒に仕事をしないかと誘いがかかった。入国管理局に提出する事業計画書もまだできていなくて，私にそれを作ってくれないかと頼まれた。

　このようなことは日本ではあり得ないと思う。日本ならば，会社を設立する前に事業計画書を作成するのが普通だし，3年後，5年後にどうなるかという計画を立ててから行動する。中国人はまず行動して，そこである程度のお金が入ってから，事業計画書を作りにかかる。こうした違いは民族性もあるかもしれない。

携帯での日本敗北は，ユーザーの声を聴かなかったこと

司会：投資に対する考えも日中では随分違う。日本は基礎技術を重視する。ところが中国は消費者のニーズにすばやく応えるのはうまくて，そうした面には研究費を多く投入するが，基礎技術は外国から買うか，盗み取ればいいと考える傾向が強い。

Iさん：とにかく短期決戦型なので，応用技術が中心にならざるを得ない。基礎技術は基本的に外からもらってくる。しかしアリババのように資金的に余裕のある企業は，基礎技術と飛躍的な技術革新の研究に焦点を当てた研究所の設立に動き始めている。

Aさん：中国が基礎技術を重視するようになるには，時間がかかると思う。基礎研究となると，教育レベルから上げていかなければならない。だが，中国にだって未来永劫できないというわけではない。かつては偽物やパクリがもっと横行していたが，今では応用技術中心とはいえ，深圳などでイノベーションブームが起きている。基礎研究にまでレベルが上がっていくのは，時間の問題ではないか。

Iさん：日本企業がなぜ携帯分野ですべて撤退を余儀なくされたか。日本の携帯が技術的にもデザイン的にも劣っているからではない。問題は，エンドユーザーである消費者の声を聴かずに，携帯電話を販売しているキャリアからの要請に基づいて，さまざまな機能を盛り込んだ独特なモデルを作

り上げていることだ。オーバースペックになっていて，かえって使いづらい。

　また日本では基地局が150mから200mに1カ所だが，中国では1.5kmから3kmに置かれている。日本の携帯端末はハイパワーの必要がないが，中国ではハイパワーでないと受信できないし，バッテリーの消耗もひどくなってしまう。これも敗因の1つになった。日本は折角の技術を持っていながら，それを活かし切れなかった。

必要以上に中国を特殊扱いするのは止めよ
Bさん：自分は中国について何も知らないで，言葉もわからないまま赴任した。しかしある程度の違いさえわかってしまえば，中国人は欧米人よりも，とっつきやすいように思う。ところが一般的には，中国のことは中国の政治や社会の仕組みなどをよくわかっていないとうまくやっていけないというような，必要以上に中国を特殊扱いする傾向があると思う。本当は日中の間では，よくわかり合える素地があるはずなのに，変に隔たりを作りすぎているところがあるのではないか。

　中国語を学び始めて感じたのは，英語だとなかなか頭に入ってこない単語が，中国語だとすらすらと入ってくることだった。この1点だけを見ても，日中は近いのではなかろうか。

Cさん：初めて赴任してくる場合には，どこの国でも最初は乗り越えなくてはならない壁があるので大変だ。日本から中国に行ったときだけではない。米国から日本にやってきた友人がいるが，やはり最初は大変だったと言っていた。中国から日本に来たときでも同じだろう。

（2）日中がそれぞれ改めるべき点

日本企業は，中国で商売する「覚悟」を持て
司会：日本が改めたほうがよいと感じることはあるか。
Fさん：日本は保守的だと思う。異文化を受け入れないというわけではない

が，理解する力が弱い。これから観光客をもっと増やしていこうというときに，外国人に対する理解力が弱くてはやっていけない。

Aさん：メディアが中国のくだらないところばかりを取り上げて報道するのは改めたほうがよい。中国に行って仕事をして，もちろん仕事上のトラブルはあったが，日常生活でいやな思いはしたことがない。中国の特殊な映像があたかも中国のどこででも起きているかのように伝えてしまうのは，いかがなものだろうか。そういうイメージだけで中国に来ると，何か物を買うときでも，ついこれは偽造ではないかなどと先入観を持ってしまう。

Dさん：中国でも日本の悪いところばかりを報道する傾向がある。その影響を受けて中国の親たちが，「日本に留学に行くと，悪い影響がある」と言ったりする。そういうことがないように，私たちは日本のいいところを繰り返し伝えるようにしている。メディアがお互いにいいところも取り上げるようにすれば，将来的に日中友好につながるのではないかと思う。

Bさん：日本企業が改めるべきは，中国で商売をする「覚悟」ではないかと思う。とりあえずやってみないと，わからない。全部うまくいくというのは，あり得ないことだと思う。損が出るかもしれないが，腰を据えてやるという覚悟も必要だ。そうした覚悟があれば，損をすることにも耐えられるし，現地に権限を任せることもできる。某商社が，中国に巨額を投入して規模の大きな商売をしている。失敗する可能性もゼロではないが，逆に10年後には大きな成果につながっているかもしれない。

日本語のできない中国人を採用せよ

Bさん：採用の際にも，日本語のできる人材を探してしまう。今の中国では日本語のできる人材が必ずしも優秀ではなくて，アニメが好きだから日本語を学んだなどというケースも多い。そこで考え方を変えて，英語や中国語だけでもいいということにすれば，それほど高額な給料を出さなくても優れた人材を得られるのではないか。覚悟さえあれば，中国語だけの人材に仕事を任せることもできるはずだ。とにかく思い切りがないから，すべ

てが中途半端になってしまう。
Bさん：本社と現法の権限移譲の問題だが，まだ本社と現法のそれぞれの役割が明確になっていないところに原因があると思う。とにかくそれぞれの役割を明確にしなければ，どこまで本社が現法に権限を移譲するのか，はっきりしてこない。
Dさん：日本にはうつ病になる人が多い。いろいろと考えすぎて，自分を責めて，結局うつ病になってしまう。

　中国人は，なんとかなるだろうと考える人が多い。自分も日本に留学に来たが，先の見通しがなくてもなんとかなるだろうと思っていた。日中双方を調和させるとちょうどよくなるかもしれない。

日本人だけではやっていけない時代が間近に

司会：今の日本の大学は極めて深刻な状況にある。特にビジネスや社会科学系の大学院は，日本人学生がゼロに近い。ほとんどはアジア系，特に中国人が多い。ビジネススクール卒業生やMBAの資格取得が日本企業であまり高いステータスとされていないことも，日本の学生が大学院に進まない一因と言える。日本人の学生が少ないと，いずれ日本の社会は日本人だけでは成り立たなくなってしまう。そうなるのは時間の問題だろう。

Aさん：仕方ないのではないか。海外から来た人たちが日本にうまく定着して，研究面で成果を挙げてくれれば，それでいいと思う。もちろん学問分野によっては，日本人の立場からの分析を必要とする場合もあるが。

Fさん：今後は人出不足がさらに進むだろう。もっと外国人労働力を受け入れなければならない。まずは労働力不足という「量の問題」を解決する必要がある。それを解決してはじめて，次の労働力の「質の問題」に移れる。

　この間ある中国の知人が，とにかく日本は仕事がきつすぎると言っていた。あまりにきついと，労働力が職場から逃げて行ってしまう。労働環境を改善しなければいけない。日本は技術のレベルアップなどをとやかく言う前に，まずは労働力不足と労働環境の問題を解決する必要がある。

司会：日本人の中に，中国人を見下したり，ねたんだりする人はいるか，そういう場面に遭遇したことはあるか。

Jさん：つい会話の中で，「中国人だから仕方がないよね」と言うことはある。お願いしてもやってくれないとか。

Gさん：自分の友人が中国人と結婚したときに，「エッ，中国人と結婚したの」という反応を示した人もいたのは確かだ。

Iさん：日本の会社では，中国人はなかなか上のポストまでいけない。差別というよりも，日本の会社の仕組みがそうなっているからだろう。

Aさん：やや皮肉な言い方だが，中国人はなんて幸せなのだろうかと思うことがある。自分の思いに素直だということだ。日本人は，自分を律しなければいけないと先に思ってしまう。中国人はまずは行動，悪く言えば，深く考えないですぐにやってしまう。

司会：米国人は中国人をどう見ているか。

Gさん：自国の脅威として認識している人が多いとの印象だ。米中経済戦争の激化はその表れだろう。ただし，「いつかは中国も西洋社会の規範に従う日がくるはず」と長期的には楽観的な見方を持っている人も少なくない。

Jさん：米国人は中国人を含め，アジア人を下に見ている。

中国はなにごとにも楽天的すぎる

司会：中国が改めたほうがよい点はないか。

Aさん：ちゃんと細かいところまで決めてから法制化してほしい。噂ばかりが流れてきて混乱させられてしまう。また，細則が後から出てくる場合もある。

Jさん：最近（2018年8月末），個人所得税法が改正されたが，これも急なことだった。施行までの準備期間も短く，戸惑う面が多い。中国企業は，いつものことだな，と慣れていて適当に処理しているが，日本企業の場合はそうもいかない。適当にしていると，狙い撃ちにされて摘発される場合もある。

今回の個人所得税法に「脱税防止条項」という項目が入った。女優の範冰冰（ファン・ビンビン）さんが巨額脱税で摘発されたが，適用第一号と言えようか。スケープゴートにされてしまった感がある。

Dさん：中国の会社では，すぐに人が辞めてしまう。3日で辞める者もいるし，半年で辞める者もいる。これは日本の会社では考えられないことだ。日本の会社では，入社してから教育し，挨拶の仕方からビジネスマナーまでしっかり教える。これは素晴らしいことだと思う。中国の会社では，そんなに時間をかけて教育することはない。あるとしても，失敗したときに，こうするのだよと教える程度だ。

Cさん：中国人は楽天的で，将来を何も心配していない。だが私は，中国人があまりに楽天的すぎることがかえって心配だ。一方，日本人はいろいろ心配しすぎるが，この心配性が逆によいのではないかと思っている。イノベーションにしても，日本人は現状をとても案じているが，心配することが原動力となってイノベーションが進んでいくのではないかと思っている。だから私は日本のイノベーションについて，何の不安もない。

　日本はこのところ毎年と言っていいほどノーベル賞受賞者を出している。企業のR&Dの比率も，米国と並んで依然として世界最高のレベルにある。中国はかならずしもそうではない。日本は技術の面で，まだこれまでの蓄積を持っていると思う。

　グローバル化の進展によって産業や社会の構造が変わるのは当然のことだろう。日本はこの数年，観光産業が発展している。中国人が，日本とよく比べるのはスイスだ。両国ともに風景や環境はきれいだし，人々のホスピタリティも高い。精密企業もスイスは時計で有名だが，日本もすばらしい。要は，そうした日本の良さを活かすべきだと思う。

日本のリスク管理を中国にも教えるべき

司会：中国の急速な経済発展にも，落とし穴があるのではないか。

Dさん：自分は中国人だが，この間中国に帰って，街中の「無人スーパー」

に初めて入ってみた。支払いをしようとしたら，スマホの決済機能や専用アプリを使わないと全く支払いができない仕組みになっている。仕方なく一緒にいた中国の友人に立て替えてもらった。中国人でも私のように海外で長い間生活していると，中国のあまりに急速な発展に追いついていけない者が出てくる。もう少しそうした人たちでも対応できるような，思いやりが中国にも必要なのではないか。

Aさん：中国は今，日本がかつて経験したのと同じように，高度成長期を駆け上がっている。しかし中国もいずれは，日本が高度成長期の終焉後に苦しんだのと同じような段階に，間違いなく入っていく。それに備えて中国も，日本が実践しているようなリスク管理手法をもっと学んでいかないと，立ち行かなくなるのではなかろうか。特に製造業という私たちの生活のベースを支えている分野では，もう少し足腰を鍛えていかなければいけない。中国が日本の苦しんできた経験から学ぶ場面は必ず来ると思う。

司会：私営企業の台頭が救いとなっているが，そうしたところにも寄付金や出資金の要請など，政府からいろいろ要求があるのではないか。

Iさん：中国にはどうしても法律でカバーできない「グレーゾーン」がある。そうした分野では，まず試しにやらせてみる。そして問題があったり，コントロールができなくなったりしてくると，別の方法を試したり，規制に乗り出したりする。

（3）日本の優位性は何か

日本は海賊版を恐れずに，アニメの輸出を

司会：対中ビジネスはこのところ停滞傾向だが，日本が再び存在感を示すには，どうしたらよいか。日本の優位性は何か。やはり「技術」なのか。

Aさん：日本は「素材」が強い。大量生産する分野では中国にとてもかなわないが，炭素繊維のような付加価値のある素材であれば，まだ優位性があるのではないか。

Hさん：医療などのサービスは，よいのではないか。ある程度の層以上では，

日本の技術のすばらしさを理解しているのではないだろうか。

Fさん：日本の医療は1つひとつのレベルが高い。中国は器材や設備はすごいのだが，使いこなせる人がいない。いまだに日本から人を派遣して，指導や手術をしてもらっている。日本に人間ドックに入るために来る中国人も多い。一番多いのは米国だが，日本にも随分来ている。

Cさん：50歳以上の年代では対日感情が良くないが，我々の年代はみな，アニメを見て育っていて，心の底から影響を受けている者も少なくない。アニメから受けたカルチャーショックは大きいものがある。中国では，「おたく」という言葉は悪い意味ではなく，自分は「おたく」だと堂々と自己紹介したりするくらいだ。

　中国で日本のアニメに対する需要は増えている。しかもその伸び率が高い。ところが，日本のアニメ会社は中国への放映権売り込みに慎重だ。海賊版を売られてしまうリスクがあるからだ。米国の7倍の値段で売ってくれと言われても，断わったという事例がある。一方では，売り込みにビジネスリスクはあるものの，せっかくのチャンスなので中国に売ってしまおうと決断する会社もあって，その会社では業績向上に大いに寄与している。

Gさん：技術も含めてだが，日本が提供できるのは，信頼感ではないだろうか。特に第三国で中国がプロジェクトを展開した場合，現地では「エッ，中国が来るの」といった，ちょっとした抵抗感を持たれる可能性がある。そんな場合に，日本も一枚かんでいれば，「日本が入っていれば安心だ」となるのではないか。消費財だけでなく，インフラ建設のような分野でも，効果があるのではないか。

Cさん：日本の会社は対中ビジネスで，構造そのものを変える必要はない。日本の管理にはいいところもあるからだ。しかし中国人のビジネスのスピードは速いので，その思考回路に合わせないと，良さを活かすことができず，もったいないことになる場合がある。

　中国は70年代末に門戸を海外に開放したが，当時は世界にこんなに遅れてしまったというあせりの気持ちが強かった。その気持ちは今でも残って

いるように思う。つい最近，中国の配車サービスの会社が日本に上陸して，合弁会社を作ったが，これは米国で流行っているものをいち早く取り入れないと遅れてしまうというあせりがあるからだ。

需要者側に立った日中の石油共同市場を作れ

司会：日中が協業できる分野はあるか。

Aさん：これまで中国は製造業の拠点だったのが，最近では市場重視になってきている。日本は中国に多くの物を売っていくことができる。

　エネルギー関係について言えば，日本も中国もエネルギーの輸入国なので，競争の半面，協力しあえる部分もあるかなと思っている。中国のパートナーから冗談半分に言われるのだが，日中が一緒になってプロジェクトを取りに行けば，とてつもなく大きなシェアを得て，世界を牛耳れるかもしれない。それができないのは，米国があえて日中間を悪くしているからだ。

Bさん：日中間で協力していく余地はあると思う。石油の指標も欧州産の北海ブレントや中東産のドバイといった石油の生産地の価格が指標になっている。日中が合わせて１つのマーケットを作れば，もっと需要者側が石油マーケットに影響を及ぼすことができる。たとえば上海と東京で協力して１つの相場を作るようにする。

　日中にはもちろん競合する面もある。しかし生産者側もこれまで互いに競合する面を持ちながらも，マーケット価格を一緒になって作り出してきた。需要者側にできないことはない。需要者側がまとまれば，もっと発言権が付いてくるのではなかろうか。需要者側が適当と思う価格はいくらなのか，ということになってこよう。

美容や整形ビジネスにも大きなチャンス

Bさん：一般には都市開発や医療介護が有望分野と言われているが，個人的にはエネルギーと自動車ではないかと思っている。自動車でも電気自動車

や自動運転などの分野だ。あと10年で自動車産業は大きく変わると思っている。電気自動車だと使われる部品数が少なくなり，車体構造も根幹から変わってしまう。しかも日本よりも中国のほうが変化が早く来るのではないか。環境規制もかなり思い切った水準にしているし，新規開発の雄安新区[35]に自動運転のエリアを率先して作ってしまうとか，これはいけると思ったことを一気にやってしまえるのは中国だろう。日本は中国のスピードには絶対かなわない。日本でどういう規格にしようかなどと検討しているうちに，中国のほうは動き出していってしまうのではないか。

　もっとも箱物になっていっても，日本の自動車メーカーが持っている技術の部分をある程度は活かしていけるのではと思う。

Dさん：中国はとにかく市場が大きい。一方の日本は，今もいい技術を多く持っている。双方がマッチングすれば，よりいいものが作れると確信している。私が今携わっているカルチャーやサービス関係は，まだ日本に優位性がある。より細かく言えば，美容ビジネスや整形ビジネスなどは，中国には膨大な市場がある。決して韓国だけではカバーしきれない。

「一帯一路」は中国だけではやっていけない

司会：「一帯一路」が大々的に展開されているが，日本は協力すべきか。協力するとしたら，どのような分野か。

Aさん：中国が海外進出しようとするとき，自分たちだけでは不可能だ。外に出ていくには製造業のレベルをもう少し上げなければならない。そこを日本がアドバイスしてやるといったような協力はあり得るのではないか。

　まず中国は，今各業種で過剰生産になっているので，外のマーケットを日本も協力して探してやる。また海外のニーズに合うように，中国国内の

---

[35] 深圳・上海浦東に続く巨大プロジェクト。北京・天津の南部に隣接する河北省の雄県，安新，容城の3県（いずれも保定市管轄）で構成される地域で，当初は約100km^2，中期的には200km^2，さらに将来的に2,000km^{2}を新たに開発する。非首都機能を分散し，北京への一極集中を緩和することも目的の1つ。

製造業のレベルを上げ，付加価値を高める手伝いをするといったところから始めてはどうか。海外で展開しているプロジェクトに直接関わっていくのは，その後になるのではないか。

Gさん：一帯一路ではインフラ関係が中心になっているが，海外でプロジェクトを推進する際に，その国の環境保護が問題になってくる。その分野で日本が協力できることはあるのではないか。インフラの分野としてはダムや鉄道などの建設が考えられる。

日本はもっと技術をオープンに

司会：深圳を中心にIT・イノベーションが大きく発展しているが，ここから日本が学ぶべきことはあるか。

Hさん：深圳が発展したのは，政府の後押しがあったからだ。経済特区の設立から始まって，さまざまな支援をしてきた。そして今は深圳市の中心部で建設中の「前海自由貿易区」で，人材，資金，技術が集まりやすいように支援をしている。こうした政府が率先して進めていくやり方は参考にすべきではないか。

深圳は外国からの参入にはオープンな姿勢を取っているので，日本が入っていこうとすれば歓迎するだろう。ただこれまでは何でもかんでも日本から中国に持ち込んで自前でやろうとしてきたが，中国の力もついてきているので，これからは「合従連衡」という形を模索するのがよいのではなかろうか。適当なパートナーを見つけて協力し合うことを考えてはどうだろうか。

Iさん：深圳はHさんが指摘したように，外部にオープンで，融合性が高い。どこかにセンターを設けなくても，ネットを活用してオープンにやっていくことができる。

日本企業がそうした環境にうまく入っていけるかどうかだ。1つの例を挙げると，日本では電子カルテでは大手3社が市場を握っているが，それぞれに互換性がない。技術を盗まれるリスクはあるが，もっとオープンに

ならないといけない。その上で互いに競争していかなければならないのではないか。

　深圳の部品卸売市場である「華強北」に行けば，スマホを作るためのすべての部品を調達できる。そこまで完備されている。ある中国の会社が1台わずか200元（約3,300円）のコストでスマホを組み立てて，それをeコマースでアフリカ市場に売り込み，400元で売ったという例がある。利益は1台で200元だから大儲けだ。

　しかし「華強北」にしても，玉石混交だ。日系企業がうまく見分けて入っていけるかどうか，また生き残っていけるかどうか。生存適応能力があるかどうか，疑問だ。

日本が「従」の形で協力するケースも

司会：家電に続き，自動車（特にEV）でも中国市場で日本が遅れ始めているが，日本はどうすればよいのか。

Aさん：日本メーカーにはEVは難しい。単にガソリンが電気になっただけでなく，コネクティングや，自動運転，シェアリングなど，つまりモビリティの勝負になってきている。もう車ではなく，作り方全体から変えていかなければならない。そんな中で国内でEV化できていない自動車メーカーが，中国で勝てるわけがない。これはもう負けだ。

　EVで求められるのは車を取り巻くコミュニティであり，街や政府全体で取り組んでいかねばならない。Googleのような大きな企業ならばやっていける。しかし日本の政府は依然として技術オリエンテッドで，水素燃料電池など細部に固執している。この時点で早くも勝敗は見えている。水素については中国も研究しているが，それはEVの先の話。EVの段階では日本は勝てない。

Hさん：日本は優れた技術を持っているので，それをいかに中国の中に入れていくかだろう。優れた技術を中国に合ったように輸出していけばよいのではないか。これまで日本が中国市場に参入する場合には，日本が主導権

を握っていたが，これからは中国に協力することも考えていかなければいけないのではないか。つまり日本が「主」ではなく，「従」の形で入っていく。

Aさん：電池では日本企業が勝てるかもしれないと思っている。電池は，すり合わせ技術やノウハウなどの結晶なので，中国が追いつくには時間がかかる。

Jさん：中国でどこまでEVが進むのか，疑問なところもある。現状のように規制を厳しくしてしまうと，外資系のメーカーはとても追いついていけない。しかし中国人が本当に買いたい車は，今なお外資系のものではないか。中国メーカーがEV化で，どこまでユーザーを満足させられるのか。

Hさん：中国は政治の力が強いので，EVは3年後にやれと言われたら，そのとおりに実行するのではないか。

Aさん：中国はやると決めたら絶対に遂行すると思う。中国では環境問題が深刻だからだ。中国のガソリン燃料は依然として中東依存の割合が高いが，なんとかしてそこから抜け出したいと思っている。それにはEV化で，自国で自立してやっていくほかない。当面は突っ走っていけるところまで行くのではないか。

IV 新局面の中国ビジネス：10のアイデア

10のアイデア

＜現場を見ない「対中観」の見直しを＞
1. 現場をこの目で見て，「対中観」の再点検を
2. 今こそ「米国追従」からの脱却を
3. 社長が先頭に立ってリーダーシップを発揮
4. 日本の若者よ，リスクを恐れず立ち上がれ
5. 形式にこだわらない新たな日中交流のパイプを

＜新しいビジネスチャンスをつかもう＞

6. 日本は「消費者ニーズ」にもっと敏感に
7. 小粒でもピリリと辛い「日本のシリコンバレー」を作ろう
8. イノベーション都市・深圳で，現地発の商品を開発しよう
9. よりグローバルに「第三国ビジネス」を見つけ出そう
10. 「一帯一路」にも協力のチャンスはある

1 現場をこの目で見て，「対中観」の再点検を

　中国の現場を見ないで，中国に対して「親しみを感じない」と思うのは間違っている。中国の人たちの生活ぶりや文化水準は，経済の発展に伴って急速に変化している。現場に足を運び，この目でしっかりと見て，中国の変化を実感し，自分の対中観を再点検してほしい。

なぜ８割近くの日本国民が中国を嫌うのか

　内閣府による「外交に関する世論調査」（2018年10月）を見ると，中国に対しては「親しみを感じない」「どちらかというと親しみを感じない」が合わせて76.4％と依然として多い。言論NPO・中国国際出版集団による「日中共同世論調査」（2018年10月）では，中国に「良くない印象を持っている」「どちらかと言えばよくない印象を持っている」が合わせて86.3％にも達している。

　もちろん中国側にも反省してもらいたい点は多々ある。世界第２位の経済大国になったといっても，なお国内では貧富の格差，環境汚染など多くの課題を抱えている。それなのに外交面でも軍事面でも，自らを抑制することを知らず，謙虚さがない。日本に来る観光客のマナーが悪いのも確かである。こうした諸々のことが積み重なって「親しみを感じない」という反応になるのであろう。

　だが，中国に親しみを感じないという人たちには，中国に実際に行ってみて，その変貌する姿をしっかりと見てほしい。中国を好き嫌いで判断せず，様々な角度から冷静に分析する必要がある。

　中国から日本への旅行客は，2015年ごろから一気に増えている。旅行前には反日的な雰囲気の中で育ってきていても，日本に滞在してすっかり対日観を改めて帰国する人たちも増えている。それとともに，世論調査でも「日本に親しみを感じない」の割合は目立って減ってきた。

　一方，日本は中国への旅行客数がさっぱり回復しない。数年前に中国内陸部の四川省や湖北省を旅行する機会があった。それぞれ１週間ほどの日程だったが，その間にほとんど日本人旅行客と出くわすことはなかった。

　四川省の成都はすっかり変貌して，人々の消費行動が上海とあまり変わらないほどのレベルに達しているが，この現実を知っている日本人がどのくらいいるだろうか。湖北省の武漢からスタートして周辺の遺跡・観光地を巡ったときには，高速道路の整備が進んでいることに驚いた。１週間の日程を車で2,000kmほど走ったが，その９割ほどは高速道路だった。ひと昔前のこ

ほこ道はなくなっていた。

　日本に来る中国人観光客のマナーも，5年前と比べれば着実に変わってきている。中国の人たちの生活レベルの向上に伴って，行儀の悪さや文化水準の低さといった「民度」も徐々にではあるが上がってきている。

行儀よく並び，トイレは清潔になり，自由闊達に話す

　躍進する深圳の中心部にある新しい30階建てほどのビル。朝早く，その1階のエレベーターの前に立っていると，たくさんの社員が出勤してくる。ほとんどは20代か30代の若者である。驚いたのは，彼らが長い列を作って，行儀よく一列に並んでいることだった。かつての中国ならば，エレベーターの前に我も我もと殺到して，大混乱だったろう。

　もう1つ，このビルで驚いたのはトイレのきれいさだった。単に掃除が行き届いているというだけではなく，カラフルでデザインが垢ぬけていて，日本でもお目にかからないような，最先端のトイレだった。かつての中国ならば，間仕切りのない暗い空間，しかも耐えられないような悪臭の中で，隣人と向き合って用を足さねばならなかった。

　あるスマホ会社の幹部たちと面談した。7～8人いたが，みな若い。ナン

図表IV-1　エレベーター前で行儀よく並ぶ列

図表IV-2　カラフルで垢ぬけたデザインのトイレ

出所：筆者撮影

バー2のCOO（最高執行責任者）はさすがに50歳くらいだったが，あとは30代か，あるいはそれよりも若い人もいたかもしれない。しかも端っこに座っていた人も，臆することなく自由闊達に発言してくる。かつての中国ならば，総経理がメモを見ながら説明し，その隣には党書記が難しい顔をして座っていた。総経理は我々を見るより，隣の党書記の様子を気にしながらおどおどして話していた。

　世論調査の数字を見るたびに，日本はなんともったいないことをしているのだろうと思う。近くに中国という，これほど大きな市場があって，しかも新たな戦略の下で，さらに飛躍していこうとしている。そこには危うさやリスクはあるとしても，無限のビジネスチャンスが転がっている。日本が再び活力を取り戻すには，「巨大な中国市場」を目いっぱい活用していくことが極めて重要である。だが，この自明の理が，日本国民の間でなかなか理解されない。

ポスト東京五輪の発展戦略はあるのか

　2020年の東京オリンピックがまもなく開催される。開催が決まったのは，2013年9月だった。これを契機に日本国内では一気にオリンピック需要が高まっていく。メインスタジアムの建設などオリンピック競技に直接関係する施設の建設・整備だけでなく，メインスタジアムと選手村をつなぐ道路の間にある虎ノ門一帯の再開発など，関連事業も大々的に進められてきた。東京都はこうした経済効果が30兆円を超えると試算している。

　だが，東京オリンピックが終わった後の日本はどうなるのか？　政治家も経済界の人々も学者も，誰一人として明快な青写真を提示できないでいる。おそらくオリンピックが終われば，宴の後の虚脱感が日本全体を覆い，日本経済の地位のあまりの凋落ぶりに改めて気が付くのではなかろうか。しかもオリンピック開催に目を奪われて，ほとんど有効な手を打ってこなかったことに，政府も民間も一様に愕然とするだろう。

　日本が負け犬にならず，再生を果たしていくには，どうすればよいか。す

でに手遅れ感はあるが，それでも今すぐに着手すれば，まだ生き残る道は残っている。それにはまず，日本の産業界・経済界，政界，さらには一般国民が，しっかりと自分の眼で現場を見て，「対中観」を再点検することが必要なのではないだろうか。

中国経済は発展の「第三段階」に突入

　中国経済の発展が今，新しい「第三段階」に突入していることも，よく知っておくべきである。第一段階は，1978年末にスタートした改革開放政策を試行錯誤しながらも一歩一歩進めていった時期である。そして第二段階は2001年のWTO（世界貿易機関）加盟をきっかけに，一気に高度成長の道を突っ走った時期である。そして2010年代から第三段階に入ってきた。人々の生活水準は確実に高まっていく。だが経済成長率は減速し，これまでのような高成長は期待できない。一方で，世界第二の経済大国となった中国に対する米国の警戒心が高まり，米中間での経済摩擦が一気に激化していく。

　日本も同じだった。高度成長を果たして世界第2位の経済大国となった1970年代以降に米国からの攻撃の標的となり，繊維，自動車，ハイテクなど多くの分野で日米経済摩擦を引き起こしていった。結局，日本は度重なる攻撃に耐え切れず，長期にわたる経済停滞の局面に入ってしまう。

　さて中国は今後，長期間にわたる米国からの攻撃に耐えきれるだろうか？日本と同じ道をたどるか，それとも新たな戦略で，乗り越えていくことができるだろうか？

　すでに中国はそのための戦略を打ち出した。1つは製造強国を目指す「中国製造2025」戦略であり，もう1つは新しい市場獲得を目指す「一帯一路」戦略である。日本がほとんど有効な手立てのないまま経済停滞へと陥落していったのに対し，中国はスケールの大きな政策を掲げて危機を突破しようとしている。

成否のカギを握るのは日本だ

　言うまでもなく，中国の前途は多難である。最大の弱点は，中国の技術開発の進め方にある。これまで消費者ニーズに対応した応用技術の開発には多額の資金を注ぎ込んできたが，核心となる技術開発にはあまり関心を持ってこなかった。核心となる技術は海外から取り入れれば，十分に間に合ってきたからである。

　「中国製造2025」戦略では，こうした海外依存の技術開発体制を返上しようとしているが，そう簡単にこれまでの海外依存の「習性」を変えられるものではない。依然としてどこかの国からのサポートが必要になってくる。米国が難しければ，日本に頼るしかない。

　「一帯一路」戦略にしても同様である。この戦略では欧米市場が飽和状態になり，これ以上無理をすれば欧米との衝突をより激化させるとの認識に立ち，新たな市場を「西」に求めている。「西」の市場を確保することによって，低落傾向にある経済成長率を何とか維持していこうとしている。

　だが，中国国内でのインフラ基盤整備の手法がそのままアジア・アフリカなどで通じるわけではない。巨額の融資はたちまち，当該国の超過債務になってしまうし，環境無視のプロジェクトは住民からの反発を招いてしまう。現実には，「一帯一路」の沿線国・地域のあちこちでトラブルを引き起こしている。中国はまだ，海外でのインフラづくりのしっかりとした手法を身につけていないと言えよう。

　この弱点を補完できるのは，やはり日本ではなかろうか。低利の円借款融資はアジア諸国を中心とした開発途上国で大きな実績を上げてきた。現地からの信頼感も図抜けている。日本はこの経験をもとに，インフラづくりのさまざまなノウハウを中国と共有することができる。

　つまり第三段階に入ってきた中国経済が順調に発展するかどうか，その成否のカギを握るのは，どうやら日本なのである。そのことに中国のほうが最初に気付き，対日関係改善に舵を切った。一方，日本側も関係改善に乗り出した。

国際協力銀行（JBIC）が毎年,「わが国製造業企業の海外事業展開に関する調査報告」を出している。その中で「中期的（今後3年程度）有望事業展開先国・地域」の結果を見ると（図表Ⅳ-3），2017年度は中国が5年ぶりにトップに返り咲いている。中国は2012年までは連続してトップの座を占めていたが，2013年に「労働力コスト上昇・労働力確保困難」が顕在化して，一気に4位に転落した。12年に発生した反日デモの影響もあったであろう。2017年度を見ると，2位のインドとの得票率の差はわずかだが，中国経済の発展が第三段階に入り，国内消費市場への期待や新興産業分野の躍進が評価され始めてきたと言えようか。2018年度は中国がトップを維持し，しかも2位のインドとの得票率の差は開いている。

　日中には新たな"相互補完"の関係を築くチャンスが生まれている。それ

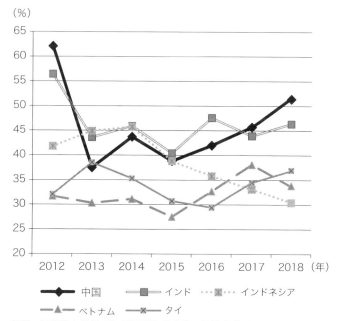

図表Ⅳ-3　中期的（今後3年程度）有望事業展開先国・地域（得票率）

出所：国際協力銀行「わが国製造業企業の海外事業展開に関する調査報告」

でも日本側には，中国経済の発展が「第三段階」に突入した，との認識や評価はまだ十分とは言えない。「第三段階」が日本にとって願ってもないチャンスだという認識も，はたしてどれだけ持っているだろうか。

2 今こそ「米国追従」からの脱却を

> 日本は戦後一貫して「対米追従」を続けてきたが，いまや日本をとりまく政治的，経済的な環境は激変している。とりわけ経済面では，日本の対外貿易に象徴されるように，米国依存の時代は終わっている。今こそ「対米追従」から脱却し，現実を直視してバランスのとれた付き合いを模索していかねばならない。

日本の対外貿易の最大相手国は，もはや米国ではない

　日米関係が政治的にも経済的にも重要であることには，今後も変わりない。しかしいつまでも「米国追従」だけでは，日本の国益を損ねてしまう。現実を直視して，他の国ともバランスよく付き合っていく必要がある。特に発展目覚ましい中国との付き合いを避けるようでは，日本の低迷からの脱出は難しい。「米国追従」からの脱却が求められている。

　日本の対外貿易の数字を見れば，もはや米国だけに頼ってはいられない現実がある（図表Ⅳ-4）。日本の輸出入総額の相手国は，2007年に中国が米国を抜いてトップに躍り出た。それから2017年までの10年間，中国は一貫してトップの座を占めている。中国との関係が重要であることは誰もが認めざるを得ない。

　これから5年，10年先を見ても，再び米国が中国を抜いて，対日貿易の最大の相手国に返り咲くことは考えにくい。中国の経済成長率が鈍化傾向にあるとはいえ，なお6％前後の水準は維持していくだろう。2025年から2030年の間には，中国が米国を抜いてGDPのトップになるのも間違いなかろう。

図表IV-4　日本の貿易に占める米中の比率

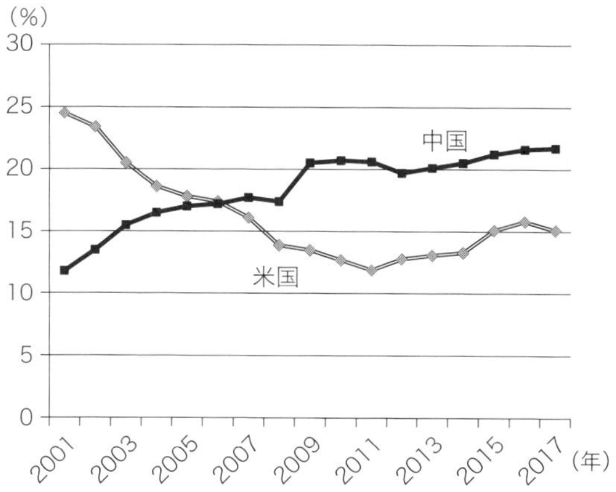

出所：貿易統計

中国の隣国という地の利を活かすべきだ

　だが，よく注意して見ると，トップの中国と2位の米国の差は2011年には8.7ポイントまで開いたが，その後はやや縮小していて，2017年には6.6ポイントになっている。これを逆に中国側から見ると，中国の対外貿易が伸びていく中で，日本の占める割合がこのところ下降しているということだ。言い換えるならば，日本は中国の隣国という有利な地理的条件にあるにもかかわらず，地の利を十分に活かし切っていないということになる。

　前項で指摘したように，中国経済は新たな「第三段階」に突入している。日本は「第二段階」，すなわち2001年のWTO（世界貿易機関）加盟をきっかけに，中国が一気に高度成長の道を突っ走った時期においては，積極的に中国との経済関係を拡大していった。多くの日本企業が中国に進出し，中国の経済発展にも大きく貢献した。

　ところが「第三段階」に入ってからは，貿易・投資の面で後退現象が見られる。その最大の理由は大きく変貌してきた中国経済への理解が足らず，十分な対応ができていないことにある。さらには，「米国追従」という政治的

要因が挙げられる。とりわけ安倍第二次政権が発足した2012年以降の停滞が目立つ。

「日中関係は現在重要か」に74％がイエス

　世論調査は、聞き方で結果が随分と異なってくる。言論NPO・中国国際出版集団の「日中共同世論調査」（2018年10月）でも「日中関係は現在重要か」と日本人に聞くと、「重要である」「どちらかと言えば重要である」が合わせて71.4％にも達する。中国を好まないとしても、関係の重要性については十分に認識しているのである。同じ質問を中国人に聞くと、やはり74％が賛同する。中国人も同じ思いなのである。

　日中関係を重要と考える理由としては、「アジアの平和と発展には日中両国の共同の協力が必要だから」「隣国同士だから」「重要な貿易相手だから」

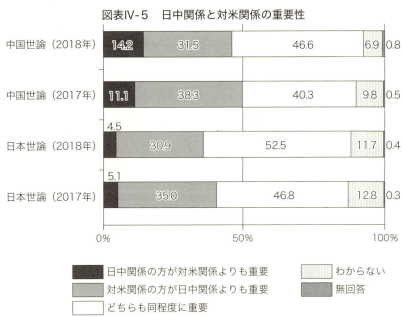

図表IV-5　日中関係と対米関係の重要性

出所：言論NPO・中国国際出版集団「日中共同世論調査」（2018年10月）

などが挙げられている。いずれの理由も当然すぎるほど当然である。

同調査でもう1つ注目されるのは、日中関係と対米関係のどちらが重要か、の設問である。回答を見ると、日本人、中国人ともに「どちらも同程度に重要」と考える人がそれぞれ半数程度で最も多い。しかも2017年の調査よりもかなり増えている。半面、両国で「対米関係の方が重要」と考える人が減少している。

日本はグローバルなスタンスを維持すべき

トランプ政権が中国に対して、経済戦争を仕掛けているが、これに対しても日本は「米国追従」であってはならない。米中の経済関係がどういう状況にあるか、しっかりと現実を直視し、判断していく必要がある。

現実がどうかと言えば、思いのほか米中関係は相互依存の関係を強めている。米国の多くの企業は、数多くの部品を中国など世界中から買い集め、製造委託先に運んで組み立てたものを輸出している。トランプ政権のように、最終製品の輸入相手である中国との貿易赤字が巨額であるというその一点だけを見て、幅広い製品に高い関税を課していけば、どうなるか。結局のところ、困るのは米国の企業であり、米国の国民ということになる。

世界の主要企業は「バリューチェーン」[36]を構築しなければ、激しい競争に生き残っていけない。今のグローバル経済の下では、世界中から安くて品質のいい（自社基準を満たす）部品を調達し、それを組み立てた上で、再び世界中に販売する戦略が不可欠である。こうして世界的な範囲で「サプライチェーン」が網の目のように広がっている。

米国企業の例として、iPhoneなどのヒット商品を市場に投入し続けているアップル社を見てみよう。アップルは全世界からの部材調達をまとめて「Apple Supplier List」を公表している。同リストには主要調達先200社が

---

36 事業を機能別に分類し、どの工程においてどのくらいの付加価値が生まれているかを分析することによって、他企業との差別化戦略を構築する。

図表IV-6　アップル・サプライヤーリスト（2018年）：国・地域別の内訳

所在国・地域	会社数(社)
台湾	45
日本	43
アメリカ	42
中国	36
韓国	10
その他	24
合計	200

出所：アップル社Webサイトから。https://www.apple.com/supplier-responsibility/

載っており，直近の2018年版では同社の調達先の98％をカバーしている。このリストを見れば，アップルが世界中から最適な部品を調達し，台湾のEMS企業に委託製造して，自社の直営店で販売している構図がよくわかる（図表IV-6，図表IV-7）。

　この中で中国を見てみると，36社と全体の18％である。まだ少ないように見えるが，2016年に25社，2017年に31社，2018年に36社と毎年2割前後の勢

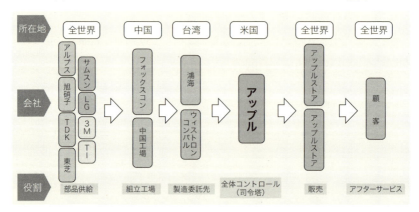

図表IV-7　アップルのグローバル・バリュー・チェーンの構図

いで増えている。今後はさらに増えていくだろう。

さらに注目すべきは，中国生産拠点（調達先各社の中国製造現法）である。同リストによると，全体の769拠点のうち，中国は350拠点と断トツの1位である。実にアップルの製品の半分近くは，中国で生産されているのである。

グローバル化の進展で，米中の関係は思った以上に密接化している。日本はトランプ政権の政策に惑わされることなく，経済の現場をしっかりとこの目で見て，グローバル化のスタンスを後退させないようにしていかねばならない。

3 社長が先頭に立ってリーダーシップを発揮

> 対中ビジネスを成功させるには，社長のリーダーシップが肝要だ。中国をよく知った人材をもっと積極的にトップやボードメンバーに入れるべきである。中国ビジネスは全社的に取り組み，現地と本社が一体化してこそ，成功への道も開かれるというものだ。

日本が低迷している主因の1つは，間違いなく政官財における「リーダーシップ」の欠如である。にもかかわらず，誰も正面切って問い詰めようとはしない。誰も裁かれず，相変わらず花見酒に酔いしれている。

「Sense of Ownership」という言葉がある。日本語では当事者意識と訳されるが，要するにトップの責任感である。ある財界人は，「会社にはいい会社，悪い会社はない。いい社長，悪い社長がいるだけだ」と言っている。台湾の鴻海（ホンハイ）精密工業に買収されたシャープは急激に業績を回復しているが，これは間違いなくリーダーシップの力であって，リーダーが変わることによって，会社の業績も，社内の雰囲気もがらりと変わっていく。

前章に登場いただいたトップ経営者に共通しているのは，いずれもトップとして自らリーダーシップを存分に発揮していることである。しかも中国市

場に自ら足を運び，あるいは長期間にわたって中国に駐在し，中国市場に精通している。

　日本企業は第二次世界大戦の直後には，松下電器産業（現パナソニック）を一代で築き上げた松下幸之助や，トランジスタラジオなど画期的な製品を世に送り出したソニーの井深大・盛田昭夫など，リーダーシップを発揮した企業のトップがいた。

　ところがいつの間にか「サラリーマン社長」が多くなってしまった。任期も短く4〜5年。その間さえなにごともなく乗り切れば，それで自分の使命は果たしたと思ってしまいがちである。仮にそんな社長が相次げば，社内のムードはよどんでしまう。

　日本の企業は「ボトムアップ」が長所と言われた時代があった。課長や部長が経営企画を考え，それをトップに上げていく。トップは机上でその企画の良し悪しを判断する。現場もろくに見ずに，あるいは見たとしても大名旅行で表面だけを見て，会社の重要案件を決めていく。

　これでは変化の激しいグローバル時代を生き抜いてはいけない。自らが現地に乗り込み，市場のニーズをしっかりと把握し，そして果敢に戦略を立てていかねばならない。

　ある金融機関では1976年の頭取初訪中以来，今日に至るまで毎年2〜3回，「定点観測」と称してトップが中国を訪問している。北京，上海，さらに地方を回り，中国の中央・地方の要人と面談するのだ。それらを通じて，中国の変化の様子と方向，為政者の問題意識，政策課題を理解し，中国ビジネスの戦略立案に生かしている。

トップやボードメンバーに中国をよく知る人材を登用

　多くの企業の経営者が「中国市場は大事」と言いながら，いまだにトップ経営陣はもとより，ボードメンバーにも中国をよく知る人材を入れていない。YKKの海外での主要市場は欧米，中国，アジアだ。今後は中国，アジアのウェイトがさらに増していく。そこで，中国を知り尽くした大谷氏を社長に

登用し，さらにアジアに強い松嶋耕一氏を副社長に据えた。こうした当たり前ともいえるトップ経営陣の人事がなされてしかるべきだが，現実はどうか。なお多くの企業では，欧米派が依然として主流であり，中国・アジア派はなかなかトップ経営陣に入っていけない。

　自社の中に社長にふさわしい人材がいなければ，社外からヘッドハントすればよい。資生堂は日本コカ・コーラ社長などを歴任した魚谷雅彦氏を新たな社長に据えた。魚谷氏は必ずしも中国のプロというわけではないが，中国市場の変化を鋭く見抜いた。就任を契機に社内の沈滞ムードが一掃され，中国市場でも躍進した。

　欧米との商いに慣れてきた経営者からすれば，中国との商いは難しいかもしれない。だが中国を知っていれば，難しいなりに対策も立てられる。ベストケースは，中国をよく知ったプロがトップやボードメンバーに複数いて，率先して対中戦略を打ち立て，実施に移していくことではなかろうか。

必要なのは現地と本社の一体化だ

　現地化の必要性は繰り返し叫ばれている。確かに中国人人材の登用などの現地化は必要である。だがそれ以上に必要なのは，中国ビジネスに全社的に取り組み，本社と現地との一体化を図ることではなかろうか。キヤノンのような「本社副社長，現法社長」というキーパーソンがいれば，本社と現地が直結する。現地からの提案や苦情を本社が理解せず，無視してしまうこともなくなるだろうし，現地からの提案が本社の方針に合わないからと言って却下することもなくなろう。

　そうしたリーダーシップを発揮できる人材を，会社はできるだけ早くから育てていかねばならない。若いときから優れた人材は欧米に送り出し，中国・アジアには振り向けないという体質が今でもこびりついているところが多い。これではこれからのグローバル化に対応していけない。

　もちろん，若いときには中国を知らなくても，北京駐在になってから猛烈に勉強して，中国とのビジネスを成功させた例も少なくない。中国・アジア

だけしか知らないよりも、幅広い経験が生きてくる。

　よく聞く話だが、中国で人事更迭や経済の大きな動きがあると、会社のトップから中国担当者に「国家主席に就任した習近平はどんな人間か」「薄熙来はなぜ失脚したのか」「今の債務超過はチャイナリスクとしてどう捉えるべきか」「深圳の発展をどう見るのか」などがご下問としてやってくる。そうした場合に、トップの情報ソースはほとんどがメディアである。「今朝の新聞には、こう書いてあったぞ」と問い詰めるわけだ。

　中国担当者は自分の経験をもとに、それなりに自分の意見を申し上げる。しかしトップは新聞などメディアのほうが正しいという先入観から抜け切れていない。メディア情報は時には間違いもあるし、大袈裟に書いたりすることもある。結果的にトップも中国担当者も、メディアに振り回されてしまうことになる。それだけではなく、対中戦略を間違えてしまうこともある。

　こんな場合でも、中国をよく知った人物がトップやボードメンバーにいれば、今さらながらのご下問はする必要がない。彼らがしっかりとした対中観を持ち、メディア情報を読み解く力を持っていれば、担当者が無駄な労力を上部への説明に費やすこともなくなる。トップやボードメンバーがご下問方式ではなく、実務担当者と膝を交えて対等の立場で中国情勢を分析し、一緒になって対中戦略を作り上げていくべきではないだろうか。そうした体制ができていれば、必要なときにはスピード感を持って戦略を企画、調整することも可能になる。

4 日本の若者よ,リスクを恐れず立ち上がれ

> 今深圳にはリスクをものともせずに,数多くの若者が集結し,成功を求めて競い合っている。そのベンチャー精神を日本も見習うべきだ。日本の海外留学生数は減少傾向をたどっているが,内向き志向を返上し,どんどん海外に出ていくべきだ。グローバルな視点なくして,日本の未来は語れない。

　深圳を訪れて,まず驚いたのは若者が圧倒的に多かったことである。深圳市の人口は2016年で約1,190万人だが,平均年齢は33歳である。OPPOというスマホ生産の会社では,平均年齢が27歳だという。同社ですれ違う社員の若いこと。我々訪問団の平均年齢はほぼ70歳だったので,まさに老人ホームから抜け出てきたようだった。

図表IV-8　OPPOは各部門の責任者も若い

出所:筆者撮影(2018年8月)

冒険を求めて若者が集結してくる深圳を見習おう

　しかも深圳市の人口のほとんどは,市外から流入してきている。いまだに

深圳市の戸籍を持っていない者も多い。彼らは中国の全土から、深圳めがけてやってくる。北京などの大都市の閉塞感の中で、未来を描けない優秀な若者が、深圳ならばなんとかなるだろうと考えているのだ。米国からもMIT（マサチューセッツ工科大学）やスタンフォード大学など著名大学の卒業生が争って帰国し、深圳にやってくる。その数は8万人という。中国では彼らを「海亀族」と呼んでいる。

最近は台湾からの流入者も多い。「脱北者」ならぬ「脱台者」と現地では呼ばれている。彼らも活動の場を求めて入ってくる。

深圳に来たからといって、成功が保証されているわけではない。あるアクセラレーター（ベンチャー企業支援のスペース）に行ってみると、数百の会社が小さな机を1つ借りて、イノベーションに取り組んでいる。まだ新製品を売り出す前の段階である。アクセラレーターの責任者に「この数百の会社のうち、技術を製品化して売り出し、利益を上げるようになるのは、何社くらいあるか」と聞いてみると、「1社か2社でしょう。あるいはゼロかもしれない」とのこと。それだけ競争は激しいのだが、若者たちが未来の成功を

図表Ⅳ-9　深圳市民の4分の3は戸籍を持っていない

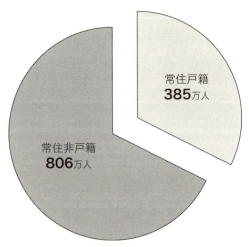

夢見て，必死になってパソコンとにらめっこしている。

減少傾向続く日本の海外留学生数に歯止めを

翻って日本を見ると，安定志向が目立ち，リスクを取らない傾向が強まっている。その象徴的な数字が海外への留学生数である。日本学生支援機構の調査によると，日本人学生の海外留学生数は，平成28年度（2016年度）で，96,641人（対前年度比12,185人増）となっている。ところがこの数字をよくみると，1カ月未満の"超"短期留学が60,145人と飛びぬけて多い。1年以上の長期留学生はわずかに2,456人のみである。

OECD等の2015年統計で見ると，日本人の海外留学者数は54,676人で，対前年度比では236人の減少となっている。これまでの推移を見ても，ピーク

図表IV-10　日本人留学生の受け入れ状況（2015年）

No.	国・地域	当該国における日本人学生の受け入れ状況			
		留学生数（人）	前年数（人）	対前年比	
1	米国	19,060	19,064	△4	△0.0%
2	中国	14,085	15,057	△972	△6.5%
3	台湾	6,319	5,816	503	8.6%
4	英国	3,098	3,089	9	0.3%
5	ドイツ	1,756	1,777	△21	△1.2%
6	豪州	1,672	1,817	△145	△8.0%
7	フランス	1,646	1,540	106	6.9%
8	カナダ	1,479	1,644	△165	△10.0%
9	韓国	1,286	1,212	74	6.1%
10	ブラジル	759	606	153	25.2%
	その他	3,516	3,290	226	6.9%
	合計	54,676	54,912	△236	△0.4%

出所：OECD等

だった2004年の82,945人から約35％も減っている。日本学生支援機構の統計とは調査方法が異なるが，海外留学生数が傾向的に減り続けているのは明らかだろう。

　特に減少の目立つのが中国への留学生数である。OECD等の統計（2015年）では，中国への留学生数は14,085人。米国に次いで2位を維持してはいるが，前年比972人の減少（マイナス6.5％）である。

　日本の各大学の状況を見ても，中国留学の不人気ぶりは明らかである。中国で反日ムードが強いことや環境汚染がひどいことなどが主な理由となっているが，それよりも中国への関心度の低下が根底にある。ある大学が3週間の中国研修旅行を企画したところ，わずか数名しか応募者が集まらず，取りやめになったとの話も聞く。

　会社に入っても最近は海外勤務があまり歓迎されない。人事部や秘書室といった内勤の部署にいたほうが社内の動向をつかみやすいし，人脈も作りやすい。海外に長期間行ってしまうと社内の事情にうとくなる。それでは出世につながらない。こんな雰囲気が若者を「内向き」にしてしまっている。

　背景には，若者が将来ビジョンや夢を描けないという日本社会の衰退もあろう。将来ビジョンや夢があれば，目を世界に向け，若いうちから世界に出ていこうとするはずだ。国内にチャンスがなければ，世界に出て行って必死になってチャンスをつかもうとするだろう。そこにはある程度のリスクが伴うが，それを恐れてはいけない。

「日中学生懸賞論文」の応募にも日本人は消極的

　日本日中関係学会では毎年，日中の学生を対象に「日中学生懸賞論文」（宮本賞）を募集しているが，ここでも日中に明らかな勢いの差が見られる。2018年（第7回）の場合，エントリー数は「学部生の部」が42本，「院生の部」が40本，合計82本。このうち約6割は中国人の学生からだった。日本に留学している中国人だけでなく，中国の各大学からも応募してくる。

　中国の大学からは合計26校からのエントリーがあった。この中には，清華

大学,北京大学,上海交通大学,復旦大学,同済大学,南開大学といった北京・上海・天津の有力大学が含まれている。さらに注目すべきは,南京大学,中山大学,武漢大学,西安交通大学といった地方の有力大学からもエントリーしてくることだ。

　ある学生に聞いてみると,このところ中国の各大学では日本語を学ぼうとする学生がじわじわと増えていて,密かなブームにもなっているのだという。この学生は,指導教員から「応募してみないか」と言われ,すぐに応じている。日本日中関係学会のホームページを見てエントリーしてくる学生も何人かいる。

　提出する論文は日本語に限定している。ところが日本語のレベルは日本人学生とそれほどの差はない。各大学に日本語を熱心に教える先生たちがいるのであろう。

　論文テーマも多彩である。2017年に受賞したある中国人学生は,「ゲーム理論」を使って朝鮮半島情勢を分析した。「ゲーム理論」は,ゲームを行う場合,相手の手の打ち方を読んで,できるだけ自分の得点を高くし,失点を少なくするにはどうするか,という方策を求める数学理論である。これを北朝鮮と米国の最近の緊張関係に当てはめるとどうなるか。この難しいテーマに挑んだ中国人学生は,北朝鮮にとって好ましい選択順位は「現状維持＞服従＞武力行使」であり,一方の米国にとって望ましい選択順位は「北の服従＞現状維持＞武力行使」と考えた。そして現状では,米国の「北の服従」政策が暗礁に乗り上げ,米朝首脳会談が実現すれば,米国は「現状維持」を認めざるを得ないと結論付けた。驚くことに,その後の経過を見ると,この論文どおりに事は運んでいる。

　このほかにも日中戦争初期における中国世論の影響を分析し,当初は衝突を回避する動きもあったとする論文や,太宰治の短編小説『十二月八日』を取り上げ,ここに隠された太宰の本心は何かを探った論文など,テーマも実に多彩である。

　中国の学生は論文受賞を踏み台にして,さらなる飛躍を図る。2017年の受

賞者の中からは，2018年になって4人が日本に留学にやってきた。南京大学の受賞者は関西学院大学へ，北京大学の受賞者は東京大学へ，清華大学の受賞者は早稲田大学へ，中国嘉興学院の受賞者は一橋大学へ，といった具合である。

一方，日本の学生からのエントリーは少ない。中国について学ぶ学生数が減っていることもあるが，それにしても各大学ともに，なかなか呼びかけに応じてこない。

それでも中には，ゼミ生をいくつかのグループに分けて，毎年応募してくる大学もある。ゼミの4年生全員に応募を義務付けている大学もある。

2017年の授賞論文に，日中の学生の混成チームによる「訪日中国人に伊豆の国市の魅力を伝える」という論文があった。伊豆の国市は観光の名所だが，中国人の観光客は少ない。同チームはその理由を探ったところ，見た目の悪い観光パンフレットに原因があると突き止めた。そこで実際に現地に乗り込み，現地の担当者と協力して，写真を効果的に使った魅力的なパンフレットを作り上げてしまったのだ。

「日本の若者よ，リスクを恐れず立ち上がれ」と言いたい。人事部や秘書室だけにへばりついていては，グローバルな世界がわかるはずがない。グローバルな世界がわからなければ，自分の会社の将来への展望も開けない。ましてや日本の将来への展望も開けない。

5 形式にこだわらない新たな日中交流のパイプを

> ようやくここにきて日中関係改善の動きが出てくるとともに，交流を再開する兆しも見られるようになっている。だがこれまでと同じような交流の仕方では，再開しても意味はない。形式にこだわらない新たな交流の仕組みを模索していくべきだ。

かつて日中交流が盛んな時期があった。ところが2010年代に入ると，各分野の交流は形骸化したり，中にはストップしてしまったりして，みるみるうちに細ってしまった。ようやくここにきて日中関係改善の動きが出てくるとともに，交流を再開する兆しが見られるようになっている。

　だが，この間に時代は大きく変わっている。以前と同じような交流の仕方では，変化に対応していけない。形式だけの交流では，再開してもほとんど意味がない。これまでとは違った交流のパイプや仕組みを作り出していかねばならない。

安倍首相の地方訪問取りやめ

　安倍首相が2018年10月下旬に訪中し，日中首脳による相互訪問を再開したのは，大きな前進であった。ところが残念だったのは，地方視察を見送ってしまったことである。過去の首相訪問では，北京で中国側首脳と会談した後，必ずと言ってよいほど地方への訪問が用意されていた。今回も事前の段階では，深圳，西安，貴陽（貴州省）といった都市が訪問の候補に挙がっていたようだ。ところが，報道によると，トランプ米大統領を必要以上に刺激するのを避け，取りやめてしまったという。安倍首相は変貌著しい地方の都市を，自分の目で見る機会を逸してしまった。

　我々が深圳を訪問した際には，現地の中国関係者が一様に「安倍首相の訪問，大歓迎」の姿勢を見せていた。「前海自由貿易区」の責任者は「このところ日本政府関係者の深圳訪問が相次いでいるので，安倍首相の地方訪問先は深圳に決まったのではないか。ぜひ新しい深圳を見てほしい」と期待感を隠し切れない様子だった。

　貴陽も最近はビッグデータで注目を浴びている。これまで貴州省は中国で最も貧しい地域の1つに挙げられていたが，その汚名を返上する勢いだ。国家ビッグデータ総合試験区が設けられ，ビッグデータの博覧会「中国国際大数据産業博覧会」も貴陽で開催されている。まだ開発は初期段階のようだが，訪問する価値は十分にあったはずだ。

時代遅れな大型財界訪中団

　毎年，日中経済協会と経団連，日本商工会議所の合同訪中団が北京を訪れ，中国首脳らと会見しているが，この合同訪中団のあり方も再考の時期に来ている。

　2018年秋の合同訪中団はなんと総勢約240人。李克強首相と会ったほか，商務部，国家発展改革委員会などとも会合を開いて，日中経済協力のあり方を話し合っている。

　もちろん，日本の財界トップが中国を訪問して，首脳と話し合う機会はあってもよい。だが，240人もの桁外れの人数で訪問する必要がどこにあるのだろうか，と疑問に思う。財界トップが中国首脳と会見した内容は，帰国後に加盟会社に知らせれば済むことではないだろうか。

　しかも中国首脳との会見や商務部，国家発展改革委員会などとの会合では，十分な時間を取れるわけではない。質疑応答といっても突っ込んだ議論が交わされるわけではない。さらに言えば，日本側財界トップはほとんどが高齢で，中国情勢にそれほど詳しいわけでもない。

　加盟各社の中には，参加しないと後で何を言われるかわからない，と半ば義務的に参加しているところも少なくないはずだ。

　より必要なのは，対中ビジネスの担当役員や実務責任者，あるいはもっと若い層による産業ごとの訪中団を結成し，中国側の実質的な責任者と突っ込んだ議論を行うことではなかろうか。そして変貌する中国の現場をつぶさに見て歩くことではなかろうか。

　2017年秋の合同訪中団は北京での日程の後に，深圳へ視察に出かけた。だが北京だけで帰ってしまう参加者が多かったと聞いている。訪中団の形式的な「年中行事化」はあまり意味がない。

対等な関係で，友好都市間の新たな交流を

　日中友好協会のホームページで日中間の友好都市提携の現状を見ると，ほとんどの都道府県が中国のどこかの省市自治区などと提携しているだけでな

く，300を超える市・町なども中国のさまざまなレベルの地方と友好都市になっている。

友好都市提携は，1973年の神戸市と天津市との間が第一号だった。その後80年代に一気に増えていく。中国側が経済社会の近代化（改革開放）を進めるための有効な手段の1つとみなしたことが大きかった。つまり日本側から何らかの恩恵を受けるという片務的な性格が強かった。

最近では提携関係を結んでいても，実質的な交流がほとんどないといったケースも多くなっている。日中関係の改善に伴って，再び交流を増やすところも出てきているが，正直言ってどのような交流をしていけばよいか，思いあぐねている自治体も少なくないようだ。

今後の交流はまず，対等な立場で相互利益のあるものに変えていかなければならない。ワンパターンな交流ではなく，それぞれの友好都市が独自性のある交流イベントを催せばよい。中国からの代表団受入れだけではなく，日本の若者や一般市民を含む多くの人たちが中国の現地の変化を見ることができるような企画を打ち出していってほしい。

日本企業が中国に積極的に出掛けていくべきだ

ここにきて中国の地方政府幹部による「日本詣で」が再び増えている。2018年度は前年の2倍程度に増えそうだという。日中関係が悪化していた時期には急減していたが，関係改善に伴って復活してきた。

たとえば四川省は都内でイベントを開き，日本企業に投資を呼び掛けた。会場では，フカヒレスープやマーボー豆腐などの料理が振る舞われたという。また，福建省や浙江省寧波市からも代表団がやってきて，都内で投資説明会を開いている。中国でも高齢化が進んでいることから，日本の介護事業を誘致したいという要望が目立っているという。

だが，不思議に思うのは，中国からは投資促進の代表団が多く来るが，なぜ反対に日本からは投資売り込みの代表団があまり派遣されないのだろうか。今の両国の経済状態からすれば，むしろ日本から積極的にさまざまな投資案

件を中国に売り込みに行くべきではなかろうか。

6 日本は「消費者ニーズ」にもっと敏感に

> 日本の対中ビジネスはこれまで鉄鋼や家電など製造業が中心だったが，こうした分野では中国にほとんど追いつかれてしまった。これからは中国で急拡大する消費関連市場に目をつけていきたい。それには中国の「消費者ニーズ」がどこにあるか，もっと敏感に察知していかねば，勝者にはなれない。

デジタル化が「製造業」のあり方を根本から変える

　日立製作所の東原敏昭社長が，インタビュー記事の中で「製造業は単なる下請けになる可能性がある」と述べている[37]。日本の製造業をけん引してきた会社のトップが，これまでと同じやり方では，グローバル化・デジタル化の荒波を乗り切っていけないと断言しているのだ。

　これまでは，「消費者ニーズのくみ取りから商品設計，生産，物流，販売というビジネスの流れの中で，メーカーは製造の専門家として生産に集中していればよかった」のである。ところがデジタル化はこうした既存の垣根を取っ払ってしまった。「データが瞬時に集まる時代，調達から物流，マーケティング，販売は一体でやらなければならない」「世の中のニーズをつかめた企業だけが生き残る時代が来る」というのである。

製造業といえども，消費者ニーズを敏感に

　日本がイノベーション都市・深圳から学ぶとすれば，まさに「消費者ニーズのくみ取りから商品設計，生産，物流，販売というビジネスの流れ」が一体化していることである。とにかく消費者ニーズには敏感過ぎるほど敏感で

---

[37] 2018年10月14日付の日本経済新聞朝刊。

ある。そしてニーズをつかむと，信じられないくらいのスピードで商品設計，生産，物流，販売へと突き進んでいく。

深圳の技術レベルはまだそれほど高いとは言えないので，日本が入り込む余地は十分にある。だが，そのことよりもまずは，消費者ニーズを敏感につかみ，その後のビジネスの流れにつなげていくスピード感を学ばねばならないだろう。まさにデジタル経済時代における製造業のあり方を先取りしているのである。

ひところ日本の電機メーカーや自動車メーカーから可愛い人型ロボットやペット型ロボットが発売されたが，新製品が続かないし，値段も高いままだった。深圳の教育ロボットメーカーUBTECHはいったん人気が出ると，すぐにオフィス，産業用など次から次に新製品を世に出して，需要を急速に拡大している。それぞれの分野に必要な機能を備えて，価格もさまざまである。ドローンメーカーDJIの旗艦店舗でも，一番安いもので690元，我々の視察団員も数人がたちまちお孫さんのお土産に買い求めた。新興の中国メーカーは市場のニーズやユーザーの願望にとても敏感である。

急拡大する中国の消費市場に注目すべき

これまでの対中ビジネスでは，鉄鋼や石油化学，さらには家電や自動車などの産業分野で，日本の「技術」を売り物に投資・輸出を行い，大きな成果を挙げてきた。今でも「技術」さえあれば大丈夫，メーカーは「技術」開発だけに専念していれば大丈夫，との考え方が日本側には根強く残っている。

だが，対中ビジネスでもこうした過去のやり方では通用しなくなってきているのは明らかだ。肝心の「技術」においても，多くの分野で中国に追いつかれ，競争力をなくしてしまっている。日本が「技術」で勝負するにしろ，新たな分野を探さねばならない。常に中国の先を走っていかなければならない。

注目すべきは中国の消費市場の拡大である。かつての高度成長期には，中国のGDPの伸びのうち，消費の伸びによるものは半分にも満たなかった。

ところが最近は消費のけん引効果が急速に高まってきており，GDPの伸びのほぼ8割は消費によるものとなっている。

消費を引っ張るのは，中国の14億人近い人口のうち，およそ3億人から4億人と言われる中産階級である。この人たちの生活は目立って豊かになりつつある。とりわけ若者の収入は多く，消費のレベルは驚くほどに高い。

かゆいところに手が届く「おもてなし技術」を

中国の消費市場で注目される分野はどこだろうか。最近のニュースから拾ってみよう。

▽玩具＝バンダイによると，中国のベビー玩具市場は，2017年度には4兆6,000億円だったが，2018年度は5兆7,000億円に増加する見込み。

▽スポーツ用品＝日本経済新聞によると，中国国内で開かれるマラソンレース数は，2011年の22回から2017年には1,100回にまで急増している。

▽ペット＝ユーロモニター社の調査によると，中国のペットオーナーは2020年までに70億ドルをペットに投資する見込み。

▽アニメ＝中国網日本語版によると，中国のアニメ産業の生産高は急増し続け，市場規模は1,000億元（約1兆6,500億円）を超えた。

▽ファーストフード＝中商産業研究院によると，2017年の中国におけるファーストフード市場は4,849億元に達した。2018年には5,000億元を突破するだろう。

▽日本食レストラン＝毎日新聞によると，中国で日本食レストランが急増している。この2年で店舗数は約2倍になり，刺し身，天ぷらといった日本の味が定着しつつある。

▽ロボット＝国際ロボット連盟（IFR）によると，中国の2016年の産業ロボット販売台数は8万7,000台と世界トップだった。今後も需要は伸び続け，2020年には21万台となる見通し。

▽ドローン＝中国工業情報化省によると，中国・商業用ドローン市場の

規模は2017年に100億元を突破した。2020年には600億元を超える見通し。
▽介護市場＝中国・全国老齢工作委員会は，中国の高齢者向け産業の市場規模が2030年に22兆元（360兆円）に拡大すると予想している。日本の介護関連市場が25年に18.7兆円に拡大するとの予測があるが，それに比べて格段に大きい。
▽越境EC＝日本貿易振興機構（ジェトロ）によれば，中国の越境ECの規模は世界最大となっており，2017年には世界のEC市場の8.9％に当たる1,002億ドルに達した。
▽海外旅行＝人民日報によると，2017年に海外旅行をした中国人は延べ1億3,051万人，前年比7.0％増となった。中国は世界トップの「観光客の送り出し国」としての座を維持した。2017年，中国人の海外旅行における消費総額は，2016年比5％増の1,152億9,000万ドル（約12兆3,000億円）に達した。

以上はほんの一例である。消費市場のレベルアップに伴って，今後はさらに多彩な新市場が生まれてくるのは間違いない。しかもいったん売れ出すと，億単位の巨大市場に発展する可能性を秘めている。こうした消費関連市場のニーズの高まりは，日本にとって願ってもないチャンスだろう。

日本にとっては順風が吹いている。日本製品に対する中国の消費者の信頼は根強いものがあるからだ。経済産業省の調べによると，平成29年において，中国消費者による日本事業者からの越境EC購入額は1兆2,978億円（前年1兆366億円，前年比25.2％増）と大幅に増えている。中国人観光客による日本での爆買いこそ一段落したものの，越境EC購入額はまだまだ伸びるのではなかろうか。

だが，今のままではせっかくの好機を逃しかねない。日本には，携帯電話の中国市場での敗退という苦い経験がある。その反省を活かし，もっと「消費者ニーズ」に敏感でなければならない。どのような製品が売れるのか，ま

などのような機能を持たせれば，中国の消費者から喜ばれるのか，徹底した調査が必要だ。これまでのように，「技術」は確かだが，使い勝手は悪い，というのでは，勝者にはなれない。

　本来，日本は「おもてなし」精神に富んでいるはずだ。かゆいところにも手が届くような，しかも技術レベルの高い，日本ならではの「おもてなし技術」を作り出していきたい。そこに日本の優位性を発揮していきたい。

　しかも「速く，安く，大量に」製品・サービスを投入できる体制を構築していかねばなるまい。本社がリーダーシップを発揮し，現地をうまく動かし，回転を速めていかなければならない。

　製造業だけでなく，さまざまな非製造業の分野にも，大きなチャンスがある。日本食のレストランが最近，中国でブームになっているというのは，その一例だ。2018年夏，広東省の大手のアニメ・ゲームソフトメーカーから日本（東京）の同業社に業務提携の打診があり，社長が初訪中した。先方のトップから「日本のアニメやゲームソフトのストーリーや登場人物の"優しさ"は，中国の会社には作れない」と言われたそうである。

　日本の対中投資は2017年にわずかながら増勢に転じ，32億7,000万ドル（中国商務部統計）となった。伸び率にして前年比5.1％増である。だが，ピークだった2012年の73億8,000万ドルに比べれば，依然として半分以下にとどまっている。それでもこれまでの製造業中心から非製造業中心へと変化の兆しもうかがわれる。決して悲観的になる必要はない。新しい変化の兆しを，もっと伸ばしていけばよい。

ディマンド・プル型のイノベーション創出を

　「消費者ニーズ」に敏感になるには，第一にディマンド・プル型のイノベーションを考えなければならない。イノベーションを大別すれば，テクノロジー・プッシュかディマンド・プルのどちらかのアプローチに分かれる。前者は自社の技術をもって商品（またはサービス）を顧客に勧めるものなのに対し，後者は世の中のニーズをキャッチして，対応する商品（またはサー

ビス）を提供していく。

　これまでの日本のイノベーションはテクノロジー・プッシュ型であった。成功事例としては，ポケットラジオ，ウォークマン，VHSビデオ，DVD，などが挙げられよう。これらの製品を大量生産し，大きな利益を上げてきた。一方，中国で活発化しているイノベーションは，戦後の日本とは異なり，ディマンド・プル型である。日本はどうしてもテクノロジー・プッシュ型になりがちだが，今の世界の大勢はデジタル革命を背景にしたディマンド・プル型であることを理解しなければならない。

　ディマンド・プル型では，多品種少量生産も可能になる。だが，中国の場合は市場規模が大きいだけに，「多品種大量生産」となる可能性も秘めている。それだけに多くのチャンスが転がっていると言える。

技術をバリューに変え，収益につなげていく

　第二に日本が反省すべきは，「イノベーション」とは一体何か，十分に理解していない点だ。「イノベーション」は技術だけではなく，技術をバリューに変え，最終的に収益を上げることで，はじめて「イノベーション」と言えることを，どれだけ理解しているだろうか。

　深圳の「UBTECH」を訪れたときに，「日本のロボットは競争相手になっているか」と聞いてみた。答えは「日本のロボットは技術的に進んだが，国内市場が大きくならなかった。わが社はいろいろな製品のラインナップが揃っていて，市場も世界一大きい」とのことだった。2010年開催の上海万博では，日本製のバイオリンを弾くロボットが話題になったが，市場拡大にはつながらなかった。一方，中国では「UBTECH」が2016年旧正月のテレビ特別番組で，なんと540台のロボットの集団ダンスを披露，一気にロボット人気を広げてしまった（図表Ⅳ-11）。

　日本は技術をバリューに変え，最終的に収益を上げることが不得手である。中国は最初こそ物まねだったが，いつの間にかアイデアを商品化し，しかも安く作る技術を身につけてしまった。もはや日本は中国を「パクリ」だと批

図表Ⅳ-11　テレビ特別番組で，540台のロボットの集団ダンスを披露

出所：UBTECH提供

判していられようか。

　「イノベーション」は日本語で「技術革新」と訳される場合が多いが，いまひとつその意味を正確に伝えていない。広辞苑を引くと「生産技術の革新・新機軸だけでなく，新商品の導入，新市場・新資源の開拓，新しい経営組織の形成などを含む概念」とある。「技術革新」よりも広い概念なのである[38]。

　多くの日本企業は，いまだに「いいものを作れば売れる」と信じている。だが市場のニーズを的確に把握しなければ，「いいものを作っても売れない」のである。市場のニーズに合わせて，性能，サービス，価格，デザインなどをうまく考えていかないと，勝てない。

38　経済学者のシュンペーターは，著書『経済発展の理論』の中でイノベーションに以下の5つの要素があると分析している。(1) 新しい生産物または生産物の新しい品質の創出と実現。(2) 新しい生産方法の導入，すなわち当該産業部門において実際上未知な生産方法の導入（これは決して科学的に新しい発見に基づく必要はなく，また商品の商業的取扱いに関する新しい方法をも含んでいる）。(3) 新しい販売市場の開拓，すなわち当該国の当該産業部門が従来参加していなかった市場の開拓。(4) 原料あるいは半製品の新しい供給源の開拓。(5) 産業の新しい組織の創出。

日本はもっとしたたかに，汗水たらして，中国の新たなる市場を開拓していく必要があるのではないか。

7 小粒でもピリリと辛い「日本のシリコンバレー」を作ろう

> デジタル化の時代にあっても，日本の優位性はこれからも「技術」である。日本でもイノベーション創造が叫ばれてはいるが，多くの取組みは掛け声倒れに終わっている。大企業などがもっと余っている巨額の資金をベンチャー企業に回し，日本の各地に小粒でもよいからピリリと辛い「日本のシリコンバレー」を創出していくべきだ。絶えず一歩先の「技術」を生み出していかなければ，中国などに追いつかれてしまう。

日本の優位性はこれからも「技術」でしかない

前項では，グローバル化・デジタル化の荒波の中で，製造業のあり方が変わってきたと指摘した。そして「技術」があれば大丈夫という狭い考え方から脱し，メーカーも消費者ニーズにより敏感になるべきだと論じた。

だが，新しいグローバル化・デジタル化の時代にあっても，日本が勝負すべきは「技術」ではなかろうか。日本はこれまで「技術」で勝負してきた。「擦り合わせ技術」は日本のお家芸でもあった。ところがデジタル化や技術のモジュラー化が進んだことなどで，日本の優位性は徐々に失われてしまっている。

それでも，日本から「技術」を取り去ったら，一体何が残るというのだろうか？　日本がこれからも存在感を示していくには，「技術」という優位性を何とか保つしか方法はない。問題はいかにして「技術」を革新していけるか，ということだ。そして競争力のある「技術」を宝の持ち腐れにするのではなく，いかにスピード感をもって商品設計，生産，物流，販売というビジネスの流れに乗せていくかである。

安倍政権は2007年に「イノベーション25」を打ち出した。2025年までを視野に入れた，成長に貢献するイノベーションの創造のための長期的戦略指針である。だが，残念なことに成果が上がるどころか，各国とのイノベーション比較ではこのところじりじりと後退しているのが現実である。

「イノベーション能力」ランキングで，日本は世界21位に後退

世界経済フォーラム（WEF）が国際競争力レポートの中で，毎年イノベーションランキングを発表している。その2016～2017年度版を見ると，日本は前年度までは4位から5位の間で推移していたのが，一挙に8位にまで後退している。

とりわけ「イノベーション能力」というサブ項目を見ると，日本は2016～2017年度では世界21位に後退しているのだ。2012～2013年まではトップだったのが，2013～2014年から下がり始めた。

情報通信白書（平成30年度版）はこうした低落傾向について「米国では新技術に対する供給側の対応と新たな需要の創出とがあいまって経済成長が実現した一方で，日本で米国並みの経済成長が起こらなかったのは，（人口動態の要因を別にすると）産業構造・産業組織の変化に伴う企業の業務や組織

図表Ⅳ-12　イノベーションランキング

順位	2010～2011	2011～2012	2012～2013	2013～2014	2014～2015	2015～2016	2016～2017
1	米国	スイス	スイス	フィンランド	フィンランド	スイス	スイス
2	スイス	スウェーデン	フィンランド	スイス	スイス	フィンランド	イスラエル
3	フィンランド	フィンランド	イスラエル	イスラエル	イスラエル	イスラエル	フィンランド
4	日本	日本	スウェーデン	ドイツ	日本	米国	米国
5	スウェーデン	米国	日本	日本	米国	日本	ドイツ
6	イスラエル	イスラエル	米国	スウェーデン	ドイツ	ドイツ	スウェーデン
7	台湾	ドイツ	ドイツ	米国	スウェーデン	スウェーデン	オランダ
8	ドイツ	シンガポール	シンガポール	台湾	オランダ	オランダ	日本
9	シンガポール	台湾	オランダ	シンガポール	シンガポール	シンガポール	シンガポール
10	デンマーク	デンマーク	英国	オランダ	台湾	デンマーク	デンマーク

出所：世界経済フォーラム（WEF）・国際競争力レポート

の見直しが不十分であったためと考えられる」と総括している。

一時期，大企業がこぞって「○○イノベーション推進事業部」といった部署を立ち上げ，イノベーションに立ち向かう姿勢を見せた。だが一向に新たな技術は生まれてこず，新たな製品・サービスも市場に投入されてこない。情報通信白書が指摘するように，企業の業務や組織の見直しが不十分だったからだろう。

だが，情報通信白書が見落としているのは，イノベーションがいまや既存企業ではなく，シリコンバレーに象徴されるような新しい仕組みから主に生まれてきているという点ではなかろうか。シリコンバレーだけではない。中国でもイノベーションは既存の国有企業に代表される巨大企業からではなく，深圳，杭州のような新興地帯から発生している。

先駆的な「慶應義塾大学先端生命科学研究所」

日本にも全く動きがないわけではない。2001年4月に山形県の鶴岡タウンキャンパスに設置された本格的なバイオの研究所である「慶應義塾大学先端生命科学研究所」はその一例であろう。

同研究所では，細胞内のものを丸ごと短時間で調べることのできる「メタボローム解析技術」（2002年に導入）が中心技術となっている。細胞の複雑な働きを網羅的に測定・分析し，コンピュータを駆使してその膨大なデータを解析するもので，これを「統合システムバイオロジー」と呼んでいる。世界の生命科学をリードする技術で，これによって医療，環境，食品などの多くの分野の応用研究を進めることが可能になった。

これまでに手掛けてきた研究として，医療分野では「急性肝炎のバイオマーカー」（2006年），「唾液検査で癌を発見する新技術の開発」（2010年），「『線虫』（寿命が2倍）を分析して，長寿の仕組みを明らかにする」，環境分野では「クモ糸の人工合成によって，鋼鉄よりも強く軽く，石油に依存しないスーパーエコ繊維を作り出す」「オイルを作り出す『藻』の研究」「地球最強の生物と言われるクマムシ（乾燥によって生命活動を完全停止し，吸水に

よってまた生き返る）の研究」，食品分野では「『つや姫』のおいしさの特徴を科学的に立証する」「『だだちゃ豆』などの農産物をよりおいしく，より長く保つための成分分析」「庄内柿を過熱処分することで，健康機能成分（GABA）が増加することを発見」などがある。

注目すべきは，これらのうち，いくつかはすでに実用化を目指して会社を設立していることである。単なる研究のための研究ではなく，絶えず消費者ニーズをにらみながら，製品化を試みていることは評価できる。

同研究所がここまで成果を収められたのは，第一に所長を務める冨田勝氏（慶應義塾大学環境情報学部教授を兼ねる）のリーダーシップである。創設時からずっと，所長として辣腕を振るってきた。

第二は研究員を各方面から集めることができていることだ。冨田所長の人脈を使って，学術研究・企業活動に従事するスタッフは350人（うち研究所の教授・准教授・助教などで約40名）にまで増えている。さらに慶應義塾大学環境情報学部から多くの学生が研究助手や特別研究生としても参加している。研究所からさらに米航空宇宙局，ハーバード大医学部，バイオ専門の弁護士などへの転身組も出ている。

図表Ⅳ-13　地球最強の生物と言われるクマムシの模型

出所：筆者撮影

図表IV-14 クモ糸から鋼鉄よりも強く軽い繊維を作り出す

出所：筆者撮影

　地元の鶴岡中央高校からも研究助手や特別研究生を受け入れている。卒業後は慶應義塾大学に入学して研究を継続する学生もいる。ある学生は、高校1年からメタボロームを使って肝臓病の治療法を研究し、卒業後はさらに環境情報学部に進んで研究を継続している。

　第三は鶴岡市がさまざまな支援をしていることだ。共同研究や研究成果の事業化のために、貸室を提供（60部屋）している。また、研究所の技術を生かして取り組んでいる「鶴岡みらい健康調査」では、市民の協力を得て、病気の新しい予防方法の開発などを行っているが、これに鶴岡市も協力している。

はるかに大規模で多彩な深圳のイノベーションの仕組み

　それでも深圳のイノベーションの仕組みと比べると、やはり大きな差がある。深圳には、①電子部品などを安価で豊富に供給する、東京秋葉原の30倍規模の華強北地区がある、②それら部品を生産し、短時間で供給できる製造業サプライチェーン網がある、③しかも技術情報やアイデアをネット上でオープンに交流、それらアイデアを製品化するためのアドバイスを互いに行

うメイカーズフェア，メイカーズスペースという独特のモノづくり広場システムがある，といった優位性がある。それによって先端技術を持つスタートアップ企業が，起業からわずか数年でマーケット評価を得て，企業価値10億ドル（円換算1,100億円）のユニコーン企業，あるいはそれに匹敵する事業規模の企業にまで成長することが可能になっている。

慶應義塾大学先端生命科学研究所の周辺にも，関連施設の集積が少しずつ見られるようになっている。規模の点では深圳にかなわないとしても，日本は技術レベルの面で勝負できる。小粒でもピリリと辛い「日本のシリコンバレー」を鶴岡だけでなく，日本の各地に作っていくべきではないか。

余っている資金をもっとベンチャー企業に

世界のベンチャー企業投資動向（出所：UZABASE，KPMG，entrepedia）を見ると，2017年は総投資規模が日本円換算で17.5兆円である。このうち米国が52.8％（約9兆4,000億円）でトップを占め，中国は25.4％（約4兆5,000億円）で第2位につけている。この数年間の中国の勢いからすれば，あと数年で米国を超す勢いだ。

日本はどうかというと，最近数年間の伸び率こそ高いものの，総額ではわずか1.5％（約2,700億円）でしかない。日本は中国のざっと17分の1という少なさである。

日本に余剰資金がないわけではない。2018年6月に日銀が発表した資金循環統計（速報）によると，2017年度の民間企業（金融を除く）の資金余剰は27兆6,672億円だった。16年度から10兆円あまり増え，7年ぶりの高水準となっている。

ところが民間企業は，余った資金を有効活用せずに，内部にため込む傾向がはっきりしている。最近，大企業主導のコーポレートベンチャーキャピタル（CVC）が増えてはいるが，金額的にはそれほどでもない。余剰資金の10分の1でもよいから，ベンチャー資金として投入されれば，「日本のシリコンバレー」を日本の各地に作り出すことができる。米シリコンバレーや深

圳に比べて規模では劣っても，小粒でピリリと辛くて，日本の特徴を有する技術を生み出すならば，威力を発揮していくことができる。

8 イノベーション都市・深圳で，現地発の商品を開発しよう

> イノベーション都市・深圳は規制が少ない。現地の中国企業との共同で補完型ビジネス，すなわち，既存製品やパーツの組み合わせにより，新しい商品やサービスにトライできないか。それには現地に出先を作るだけでなく，すばやいニーズに対応できる研究機能を設ける必要もある。

中国政府は深圳の「グレーゾーン」を容認

　前項では，小粒でもピリリと辛い「日本のシリコンバレー」を作るべきと提案したが，これはあくまでも国内での話だ。アジアの幅広い消費者ニーズに対応していくには，国内だけでなく，アジアの現地に研究機能を持った拠点を設けていかねばならない。その格好の場所がイノベーション都市・深圳である。

　深圳は中国の他地域とは大きく異なっていて，「実験都市」であることを忘れてはならない。深圳はもともと，小さな漁村だったが，改革開放という大号令の下，先駆的な「経済特区」として指定され，今日のように大変貌してきた。ある意味では1つの巨大な「実験場」として発展してきたのである。その過程に多くの試行錯誤があり，その都度修正したり，改良したりしてきた。現在，輸出加工産業，いわゆる労働集約型から知識集約型，すなわちイノベーションへの構造転換の真っ最中で，問題や課題は多く存在している一方，ビジネスチャンスもたくさん潜んでいる。

　深圳は「グレーゾーン」であることを日本は大いに認識しておくべきである。中国政府は「先嘗試，後管制」，すなわち「まず試しにやってみよう，問題が出たら後で政府が規制に乗り出す」というスタンスをとっている。

ネットやスマホの普及に伴う新規ビジネスが次々に出てくると，政府は規制するのではなく，「グレーゾーン」として黙認するケースが数多く存在する。

李克強首相が「大衆創業，万衆創新」政策を提唱しているが，その中で基本方針の1つとなっているのが，「創新，容錯」（大胆にイノベーションを進め，試行錯誤を容認する）である。リスクを恐れず前進せよという意味である。深圳でベンチャーを起業して，投資の獲得とともに，商品やサービスを開発して市場投入するには，数多くの困難を克服しなければ，最終的に生き残れない。成功の確率は極めて低いが，政府や社会はかなり寛容的なスタンスをとっている。外部からやってくる人たちにも「敗者復活戦」のチャンスがある。これこそ深圳最大の魅力ではなかろうか。

日本発から現地発の商品づくりに切り替える

日本の状況はどうかというと，前記の「先嘗試，後管制」の逆で「先管制，後嘗試」，すなわちまず法律を作って後から民間の参入を許可する，という順序になる。法律（大体数年かかる）を待ってからでは，ビジネスチャンスがどんどん消えていく。

また，日本企業は国内で商品化してから海外に持っていく。最初から海外で展開する試みは皆無に近い。確かに難易度が高いのは間違いないが，ゼロから作り上げる商品だけでなく，現地の中国企業との共同で，補完型ビジネス，すなわち，既存製品やパーツの組み合わせにより，新しい商品やサービスを作り上げられないだろうか。

日本企業のこれまでの中国事業は，すべて本社発の企画，本社側マザー工場のコントロールでやってきたが，もう限界ではないだろうか。というのは，「深圳スピード」と言われるように，中国の社会やライフスタイルはどんどん変化して，どんな商品，どんなサービスを提供すればビジネスになるか，日本の本社を経由して企画していたのでは追い付かなくなっている。そこで発想の転換が必要で，日本発から現地発の商品づくりをする時代になったと認識すべきであろう。

何ができるかを検討するために，まずは現地の情報収集が必要不可欠だ。方法はいろいろあるが，たとえば若手社員を1人選抜して現地に数カ月間派遣し，現場の情報を収集するのはどうだろうか。2泊3日のビジネス出張では表面をなぞる程度に終わり，現地の実情を理解するには至らない。もちろん，現地法人を持っていれば，アンテナとしての情報収集機能を強化し，本社の企画部隊と一体化する取組みが可能になる。

われわれが2018年8月に訪問した清華大学深圳研究生院（大学院大学）では，日本企業からの留学生受け入れに積極的意向が表明された。また，関西の某大手機械メーカーとの共同研究室開設について協議中という話も披露された。

日本固有の「強み」はまだ多く残っている

今でも中国の企業には「日本に学ぶ」という姿勢が残っている。我々が訪問したBYDは，十数年前に自動車製造を初めて手掛けたとき，製造技術のほとんどを持っておらず，1からのスタートだった。初期のBYD車（伝統ガソリン車）はドアがぴったり閉まらず，子供の指が挟まれるという事故が多発した。後に群馬県館林市にある自動車ボディー製造用の大型金型メーカーを買収して，それにより製造技術を非常に速いペースでレベルアップできた。もちろん，子供の指が挟まれるといった事故もなくなった。

もう1つの訪問先であるOPPOの幹部からは「毎年社員を連れて，日本各地の古い建築や美術品を見て回っている」との話を聞いた。日本の美学や美意識を実際の商品デザインに取り入れる試みだ。特に京都や奈良には，商品デザインのヒントになる素材がたくさんあるという。このように日本には，日本固有の「強み」がまだまだたくさん残っている。気が付かないのは，国内にへばりついている日本人自身ではなかろうか。

技術流出を防ぐには，一部をブラックボックス化する方法も

すでに展開し始めた日本企業もある。ある企業は，製造技術にIoT

(Internet of Things：モノのインターネット）を取り入れて，製造工場のスマート化における日中連携を模索している。日本企業，特に一部の中小企業はレベルの高いモノづくりの技術やノウハウを持っている。それを人の頭の中に留めるのではなく，整理して「製造ソリューション」としてビジネスを展開したらどうであろうか。

当然ながら，技術の流出や知的所有権の保護などのリスクは付き物である。とりわけ深圳のようなIT化が進んだ所では，技術についても外部にオープンで，融合性が高いので，ある程度の流出は覚悟せねばなるまい。

だが，すべてを流出させるわけではない。社内に留める部分を非公開（ブラックボックス）にし，公開できる部分と合わせて，1つのパッケージとしてソリューションビジネス[39]を展開するという方法もある。

材料，半導体，部品，さらに製造技術やグラフィックデザインなどの分野では，日本企業の強みはたくさん存在している。両国の企業人同士は，何が連携できるかについて，もっと密な交流をすべきだろう。

9 よりグローバルに「第三国ビジネス」を見つけ出そう

> 最近は日本よりも中国のほうがグローバルな視点を持ち，グローバルなビジネス展開に積極的となっている。日本も日中という狭い範囲にとどまることなく，韓国や台湾，東南アジア諸国連合（ASEAN）なども絡めた3国間，あるいはそれ以上の多国間での協力関係を大いに構築していくべきだ。

これまで日本は中国といろいろなビジネスをしてきたが，ほとんどは日本が上から目線の対応だった。日本が教える立場にあったということだ。しか

---

[39] 従来の商品・サービスだけを提供するビジネスではなく，顧客の業務上の要求や課題を分析・把握し，解決のための取組についても支援するビジネスのこと。

し，今ではそうはいかなくなっている。もちろんプロジェクト運営のノウハウ，リスクマネジメントといったソフト面や環境保護，医療や介護などの分野では，まだ日本に学ぶべき点も残されているが，資金や人材の面で日本が優勢かというと，そうでもなくなっている。

とりわけこれまでモノを売って口銭を稼いできた商社について言えば，最近はメーカー本体がどんどん中国に進出してきているので，商社の介在するチャンスも減ってきている。唯一頑張っていけるのは，グローバル化にどう対応していけるかという部分ではなかろうか。

商社のビジネスはもともと日中間だけを仲介していたわけではなく，石炭や鉄鋼，穀物などの取引では第三国から供給している場合が多い。加えて今中国も「一帯一路」を打ち出し，第三国とさまざまな面で協力しようとしている。したがって商社としても，さまざまな切り口で中国とのビジネスを考えていく余地が生まれている。

すでに出始めている3国間のビジネスをもっと増やそう

すでに第三国で日中の企業が共同で関与しているビジネスが生まれ始めている。いくつかの例を挙げよう。

ベトナム中北部のハティンに製鉄所がある。台湾の総合石油化学メーカーである台湾プラスチックグループが資本参加し，技術支援・供与も行った。台湾行政院の元副院長（副首相）である林信義氏が台湾プラスチックに請われ，このプロジェクト実行責任者として手腕を振るうことになった。

同氏は日本商社にコンタクトし，設備調達の面で協力を打診してきたという。日本商社はこれらの設備を日本から持っていくこともできたのだが，東方電気集団（本社：四川省成都市）など中国の大手メーカーをベンダー（機器製造サプライヤー）として組み込んだフォーメーションを提案した。

施主は台湾プラスチック，機器調達のオーガナイザーは日本商社，そしてベンダーが中国メーカーというこれまでにない連携で，ベトナムの製鉄所支援が行われることになったのだ。ベトナムという市場で，日中の企業が連携

図表Ⅳ-15　ベトナム中北部のハティン

して台湾の事業実現に協力したわけである。

　もういくつか，例を挙げよう。アフリカのアンゴラで住宅などの都市建設をするという話があり，そのコントラクターに中国のゼネコンが入っていた。同ゼネコンから，国際公開入札で日系の現地エレベーターメーカーが落札したという連絡があった。習近平国家主席も李克強総理もアンゴラ訪問で，そのエレベーターに試乗したらしい。そのことを日系の現地エレベーターメーカーの関係者は後で知り，あわててコントラクターに挨拶に行ったそうだ。

　アルジェリアでサハラ砂漠を通る道路建設の話があって，西半分は中国，東半分は日本が請け負った。建設機械はいまや中国トップクラスの建設機械メーカーに成長した三一集団と日本のコマツ製作所がそれぞれ受注した。日系のライバル会社にはこの商談の引き合いはなく，入札のチャンスを逸している。

　日本はインドネシアの高速鉄道（首都ジャカルタと西ジャワ州バンドンを結ぶ150kmの路線）の入札に勝てなかったが，その車体には，湖南省で日系電機メーカーが合弁生産している高速鉄道車両用の制御装置が採用されることになっている。入札には負けたが，企業としては損をしたことにはならない。

　この手のビジネスは今後，ますます増えていこう。日中２国間だけの視野で見ていては，気が付かないということだ。表面的な勝ち負けだけでは判断できないケースが，あちこちで出始めていることを見逃してはならない。こうしたビジネスをもっともっと増やしていかねばならない。

北朝鮮の非核化が進めば，北東アジアにもチャンスが

　世界に残された数少ない未開発の投資先として北朝鮮に注目が集まり始めている。早くも中国や韓国，ロシアは動き出し，北朝鮮との間でいくつかの具体的なプロジェクトが浮上している。米国も，トランプ政権は「金（かね）は出さない」と言っているものの，民間企業は動き出しつつある。そうした中で「拉致問題の解決」が大前提の日本は，政府も企業も全く身動きが取れないのが現状だ。

　金正恩委員長が2018年春，中朝国境の新義州や黄金坪などを視察したとの報道があった。このところ各地の工場見学を増やし，経済重視の姿勢を見せている金委員長だが，中朝国境地帯にまで足を運んだのは，中国からの経済支援を得たいとの思惑があるからだ。

　何年か前に中朝国境の中国側にある丹東（遼寧省）を訪れたことがある。高層ビルが立ち並ぶ丹東から鴨緑江を挟んで対岸の新義州を見ると，人影もまばらで，工場の煙突からは煙が出ていなかった。金委員長は新義州の化粧品工場を視察し，「より高い目標を目指すように」との指示を与えたと言われる。もちろん中国からの技術支援を期待してのことだろう。

　黄金坪は鴨緑江河口にあり，中朝が共同で経済特区を建設する予定だった。ところが実際にはほとんど投資は行われず，中朝関係の悪化とともに忘れられた存在となっていた。おそらく草ぼうぼうだったと思われるが，金委員長はここも訪れ，建設再開に意欲を見せた。

　ロシアや韓国もすでに動き出した。ロシアは2018年6月に，自動車用橋梁を建設する件で北朝鮮と協議を行った。北朝鮮側が労働力と建築資材の一部を，ロシア側が建設に必要な機材や資金を提供することで合意している。これが完成すれば，両国の往来は飛躍的に増えよう。韓国はすでに南北の鉄道連結で合意している。さらに本格的な交流再開に備え，文在寅大統領は具体案の検討を急ぐように指示を出している。

　こうした中で，目下のところ完全に"蚊帳の外"なのが日本である。拉致問題の解決なくして経済交流の話に踏み込めないのは確かだが，各国の先行

する動きを黙って見ていてよいのだろうか。それでも日本には「国交正常化後には無償資金協力や低金利の長期借款供与を行う」との"切り札"がある。それを有効に使うには，今のうちから準備を進めておく必要があろう。

　北朝鮮を巻き込んだ北東アジア開発では，多国間協力が欠かせない。特に中国とは多くの案件で共同して，北朝鮮がらみのプロジェクトを展開できる余地がある。例えば，吉林省から日本海へ抜け出る図們江の航路・港湾・鉄道の整備については，かつて中国から打診され，国連開発計画（UNDP）と共に検討したことがあった。このプロジェクトに日本が改めて協力するのはどうだろうか。中国と北朝鮮とが設けた経済開発区に，日本が進出することも考えられよう。

10　「一帯一路」にも協力のチャンスはある

> 日本はまず「一帯一路」展開の現状をよく把握しなければならない。そしてリスクを見極めながら，日本としてできるチャンスを積極的に見つけていくべきだ。日本が持っている「技術」面での優位性を存分に発揮していけば，チャンスは意外なところに転がっている。

　日本として「一帯一路」にどのように対応し，関わっていけばよいのか。それは日本が今，早急に答えを出すべき課題である。急がなければ完全に乗り遅れてしまい，日本の国益を損なうことになる。「一帯一路」の現状をよく把握した上で，日本として何ができるか，またビジネスチャンスはどこにあるか，今こそ知恵を絞って真剣に検討し，すぐさま実行に移していくべきである。

　日本は「一帯一路」の沿線地域で，中国が展開し始めているプロジェクトと真っ向から競合する場面も少なくない。高速鉄道はその典型であろう。だが，中国の資金力はすさまじい。プロジェクトを展開していく範囲も，日本

はアジアが中心だが、中国の場合は全世界に広がっている。日本が「点」で攻めているとすれば、中国は「面」をおさえにかかってくる。これだけのスケールの事業展開に、日本が全くノータッチでは日本の国益にならない。可能な範囲で、協力関係を築いていくことが肝要だろう。

中国も日本からの助力に期待

　日本国内には、「一帯一路」は中国が米国を蹴落とそうとする政治、安全保障面からの基本戦略であり、日本としては協力すべきではない、との見方も依然としてある。

　だが、中国が「一帯一路」に最も期待しているのは、「市場の確保」ではなかろうか。中国は今、米国や欧州、日本の市場が限界に近づき始めていると感じている。米中経済戦争はその表れである。中国が無理に米国市場に入っていこうとすれば、米国との摩擦が避けられない。中国から見て「東」の市場が飽和状態ならば、あとは「西」のまだ未開発な市場を新規開拓するしかない。

　ところが中国のやり方はあまりに稚拙な面がある。経験の蓄積がないからだ。「真珠の首飾り」戦略（詳細は38ページ参照）に基づく港湾建設に見られるように、衣の下から政治・安全保障面での思惑という鎧が見え隠れしてしまうと、当事国や国際社会から反発を食らってしまう。また海外プロジェクトの経験が浅く、法外な金利を要求して、当該国の返済に支障を来したりしている。

　これらの点についての反省は中国側にもすでにあり、習近平国家主席も最近は「人類運命共同体」という言葉を使い始めている。中国もまた、本音で言えば、「市場の確保」をスムーズに実現していくために、日本からの助力を期待しているのではなかろうか。

　もちろん、助力といっても、上から目線の「助けてやる」であってはならない。同じ目線で対応していかなければならない。これまでと違って技術の共同開発や製品企画統一のための共同研究といった新しい助力の仕方が求め

られよう。

　幸いなことに，日中関係の流れも変わってきた。安倍政権は，「一帯一路」に一貫して冷淡な姿勢を取ってきた。アジアインフラ投資銀行（AIIB）についても，中国から参加の要請があったものの（新聞報道では，AIIB設立前に日本の財務省に対し，副総裁派遣も打診されていた），米国と足並をそろえて加盟を見送ってきた。ところが2017年半ばごろから風向きが変わってきた。

　2018年5月に行われた安倍首相と李克強首相との会談では，「一帯一路」について日中の企業が第三国で共同事業を進めるための官民協議体を設けることで一致した。日本国内からも「中国の投資と日本の技術」を組み合わせて，共同開発・共同生産を目指そうとする動きも出てきた。

　2018年10月の安倍訪中時には，北京で日中第三国市場協力フォーラムが開かれ，日中の企業や政府関係機関，経済団体などにより協力覚書52件が締結された。覚書はインフラ，物流，IT，ヘルスケア，金融など，幅広い分野に及んでいる。

　もっとも52件のリストを見ると，ほとんどがこれから協力していきましょうという内容にとどまっている。中には日中間だけの事業で「第三国」の文字の見当たらないものもある。

　具体性のあるものとしては「アマタ・スマートシティ・チョンブリ工業団地におけるスマートシティ化に関する日中泰三者覚書」くらいなものだったが，結果的には中泰のみの案件となってしまった。訪中を前に，あちこちからかき集めたものの，具体的な内容を十分に盛り込むには時間不足だったのだろう。

まずはしっかりと「一帯一路」の現状把握を

　日本としては，このチャンスを逃す手はない。52件の協力覚書を出発点として，具体的にどのような協力が可能なのか，話を進めていってほしい。

　だが，前項でも指摘したように，中国の「一帯一路」戦略のこれまでの展

開には多くの問題点を含んでいる。すでにいくつかの国から，中国のやり方に対する不満が噴出し始めている。このままいけば，「一帯一路」は空中分解しかねないほどだ。

　日本はこうした現状をまずしっかりと把握しなければならない。「一帯一路」というと，AIIBへの加盟問題ばかりが議論の対象になりがちだが，AIIBの資金量は「一帯一路」の全体の資金量のごく一部でしかない。また，「一帯一路」の個々のプロジェクトの展開がどうなっているか，1つ1つの情報を積み上げていき，その上で全体像の把握をしっかりとやるべきである。

　現状把握をせずに，日中関係の風向きが変わってきたからといって，安易に「一帯一路」に関与し，ブーム状態を作り出すことがあれば，後で手痛いしっぺ返しを被ることになろう。

日本の優位性は「技術力」に

　次に日本として「一帯一路」に何ができるか，またビジネスチャンスはどこにあるか，考えていかねばならない。それは，日本が持っている優位性は何か，自分の足元をじっくりと見つめ直すことからスタートしなければならない。

　日本日中関係学会が主宰して開かれた「一帯一路」をめぐっての討論会（2018年5月）で，野村資本市場研究所シニアフェローの関志雄（かんしゆう）氏は「インフラ建設において，日本企業は高い技術力と高品質に定評がある。中国企業にも長所，短所があり，プロジェクトごとの協力関係を築くことが重要ではないか。中国は建設コストが安く，意思決定が速いなどの特徴がある」と協力の可能性を指摘した。

　北京在住のフリージャーナリスト，陳言氏も，「李克強首相の訪日以降，日本との関係を見直そうとする変化が中国にある。日本企業はしっかりと自国の技術力を紹介すべきだと思う。技術はシステムであり，簡単に真似ができるものではない。（米中経済戦争以降）中国では米国に対するあきらめがあり，日本への期待が大きくなっている。陸（北方ルート）は難しいが，海

（南方ルート）のシルクロードでは可能性が大きい」と語っている。

　両者に共通しているのは，日本の「技術力」である。これまでの「モノづくり」の経験から積み重ねてきた技術力であろう。

AIIBに日本から金融の専門家を送り込む

　日本が持ち前の「技術力」を発揮して，「一帯一路」に協力できる具体的ケースとは，どのようなものだろうか。その答えは，中国が多く発生させているトラブルを，日本が少しでも軽減できるようにさまざまな面から持ち前の「技術力」を駆使してサポートすることではなかろうか。それによって日本も見返りを得ることが可能となる。

　まず，中国が不足に悩んでいる金融の専門家を日本が送り込むことである。これも日本が優位性を持っているソフト面での「技術力」である。AIIBにはアジア開発銀行（ADB）や世界銀行で経験を積んだ中国の金融専門家もいるにはいるが，その数は極めて少ない。とりわけ実際にプロジェクトの審査を担当する中堅のスタッフが足りない。結局，AIIBの融資案件の多くがアジア開銀や世界銀行などとの協調融資にならざるを得ないのは，その何よりの証拠である。

　AIIBの主導権を握っている中国は，できればAIIBだけでプロジェクトの審査や融資を行いたいと思っているに違いない。であれば，日本がAIIBに加盟して，特に中国が不足と感じている金融の専門家を多く送り込んでいけばよい。AIIBが日米の主導するアジア開銀や世界銀行と対立する存在でないのは，いまや明らかだ。アジアのインフラ需要が膨大であり，足りない資金をAIIBが補完するのだと考えれば，日本がAIIBへの加盟を躊躇する理由はない。

　審査を担当するスタッフは，外部から国際公募で集めることもできる。格付けのとれないBRICS銀行でさえ，上海本部勤務のエコノミストを国際公募で集めている。AIIBは高格付けの国際金融機関となったので，待遇条件次第ではADBに匹敵する優秀なスタッフを集められるはずだ。

AIIBは懸案となっていた格付け取得の問題をクリアした。これにより今後は債券発行などの資金調達が容易になろう。だが，自前の金融専門のスタッフを充実させないと，大きな飛躍は望めない。せめて融資額をADB並みに持っていきたいのであれば，金融専門家を急いで育てることである。自前で育てるのが難しければ，日本から送り込んでもらうことである。

日本製の装置や部品を組み込んでいく

　2つ目は，中国のハード面での「技術レベル」の低さを補ってやることだ。陳言氏によると，「モンゴルで，中国企業の請け負った道路建設がうまくいかなかった。ところが日本企業に監督させて中国企業を下請けにしたらとてもうまくいき，日本企業が高く評価された」ケースがあったという。

　インドネシアでは，中国が受注した高速鉄道の建設がなかなか進まない。その車体には湖南省で日系電機メーカーが合弁生産している高速鉄道車両用の制御装置が使用されることになっている。これはほんの一例で，建設を軌道に乗せるために，日本がもっと協力の範囲を広げていってもよいのではないか。

　日立製作所は2015年に「社会イノベーション協創センタ」を創設したが，中国でも北京，上海，広州に拠点を置いている。その狙いは，医療，介護，製造，サービス等さまざまな分野で，顧客との最前線で研究・開発の役割を果たすことにある。こうした中国との協力を目的とした研究センターにおいて，「一帯一路」関連のさまざまな技術問題を解決していくことが可能となろう。

　特に日本は「部品」の供給に力を入れるべきだ。中国企業の多くは，主要な部品供給を海外に依存している。トップ企業もその例外ではない。米中経済戦争では，この弱みを米国側から突かれている。中国企業が海外に出ていく場合にも，部品の安定的な供給は不可欠であり，日本が入り込んでいく余地は十分にある。

円借款のノウハウを中国に伝える

　3つ目は，日本がこれまで大きな成果を挙げてきたアジアでの円借款供与やプロジェクト融資の経験を中国に伝えることである。日本の中国への円借款供与は総額3兆円以上に上る。中国が文化大革命の政治的大混乱から立ち直り，経済発展の軌道に乗ることができたのは，日本の円借款なしには考えられない。中国側にも円借款供与の恩義を感じている多くの関係者がいる。彼らは円借款のノウハウのすばらしさを知っているはずだが，そこで学んだことが「一帯一路」展開に生かされているようには思えない。改めて円借款やJBICによるプロジェクト融資などの長所を中国に再認識してもらうべきではなかろうか。

　4つ目は資源の共同開発である。中国の「爆食」は今後も続く。中国国内ではシェールガス開発への期待が大きいものの，その他のエネルギーや金属などの鉱産資源，食糧については，今後も海外に供給先を求めて行く公算が大であろう。「一帯一路」でもインフラ整備と並んで，資源関連のプロジェクトが多い。

　それら資源は日本が求めるものとバッティングする恐れも十分にある。日中両国にとって資源確保は，国の安全保障ともつながってくるだけに，互いに簡単には妥協が許されない。

　典型的な例が，東シナ海における石油・ガスの日中共同開発の問題であろう。とにかく中国の特徴は何事にも決定，行動が速いということである。ぼやぼやしていると，有望資源が中国に専有されてしまいかねない。

　そこでぜひ実現したいのは，日中が「一帯一路」の資源関連プロジェクトを共同で取り組むことである。これに韓国が加わってもよい。

　対象としては，ニューエコノミーに繋がる再生エネルギーやEVなどで必要な希少金属，生活水準向上で需要の高まる食糧など，幅広い分野が想定される。日本政府は国家戦略の観点に立ち，民間をうまく取り込みながら，「一帯一路」沿線国で，今後の日中両国のモデルとなるような協力案件を探し出して欲しい。

最後になるが，資金面からの協力も可能である。AIIBに加入すれば，当然のことながら，拠出金を出さなければならない。もっとも中国として見れば，あまり日本の拠出金を多くしてしまうと，中国の拒否権行使が難しくなってしまう。おそらく中国は拒否権を維持する範囲内で，日本の拠出金を決めてくるであろう。

　AIIBに加入して資金を拠出するというのではなく，AIIB関連プロジェクトに，日本が直接，資金を出していくという方法もある。いわゆる協調融資である。日本はこれまで世銀などと一緒に，この方法で実施してきているので，経験とノウハウがある。AIIB関連プロジェクトに対しても，十分に実行可能だろう。

リスクの大きい中央アジアには要注意
　だが，「一帯一路」に関連して，巨額の資金が動いていることは間違いないとしても，それに不用意に絡んでいけば，火傷を負いかねない。
　地域的には，「一帯一路」の北側ルート（陸路）でのプロジェクト展開はなかなか難しい。中央アジアは人口が少なく，インフラ建設をしても経済発展につながるのかどうか不透明だからだ。短期的には，どう見ても中央アジ

図表IV-16　一帯一路の南北ルート

アが中国の大きなマーケットになるとは思われず，リスクも大きい。うまくいけばいいが，かつての帝国が領土を拡げすぎて自滅したように，中国もプロジェクトを展開しすぎて失敗する恐れがある。

日本が「一帯一路」に関わる場合でも，北側ルートの沿線地域には十分な注意をはらう必要があろう。

中国の国有企業にも要注意

もう1つ，日本として注意すべきは，「一帯一路」を先頭に立って引っ張っている中国の国有企業との付き合い方である。国有企業，とりわけ中央企業は決して自分の経営支配権を握って離さないだろうから，日本が協力するといっても限りがある。

中国では習近平政権の下で，国有企業改革に着手している。その柱となるのが混合所有制改革と国有企業同士の併合推進である。しかしそのいずれも，企業経営の活性化という方向には向かっていない。

関志雄氏は，次のように指摘する。「習近平時代に入ってから『強い国際競争力を持った企業の育成』のため，『混合所有制』が推進されている。しかし，混合所有制企業のコーポレートガバナンスは十分確立されておらず，既得権益をタテに不採算部分を民営企業に押し付ける傾向がある。今なすべきは混合所有制改革ではなく，あらゆる企業が国有企業と同じ条件下で公平に競争できる市場環境を作り，国有企業のコーポレートガバナンスを高め，生産性と競争力をアップさせることだ」。

陳言氏も，次のように指摘する。「国有企業はますます肥大化し，中国経済の足を引っ張っている。いくつかの産業，たとえばセメント，ガラス，鉄鋼等では世界経済に対して攪乱要因になっており，なぜそれを改革できないのか不思議である」。

こうした国有企業と手を組むのは容易ではなかろう。「混合所有制」では，民営企業は資金を出すだけで，経営の実権は握らせてくれない。日本などの企業が国有企業と組んだとしても，結局は民営企業と同じような，極めて限

定的な役割しか果たせないだろう。

躍進著しい民営企業と組もう

　フォーチュン社発表による「世界の500社（2018年）」に入っている中国企業は，111社（香港企業を含む）だった。日本企業の52社を大きく上回っており，米国の126社に近づいている。

　このうち民営企業も20社を超えてきている。決して多くはないが，10年ほど前はほとんどゼロだったことを思えば，かなりの躍進と言える。おそらく数年後には，倍以上の数字になっているだろう。

　民営企業は政府からの干渉が比較的少なく，機動力もあるので，日本企業が相手として組むにはやりやすい。とりわけ広州や深圳などでは，民営企業の数が多く，しかも生き生きと力を発揮し始めている。「一帯一路」沿線地域との中国の貿易量の約43％（2017年）が，携帯電話やPC等IT系を中心とする民営企業であり，国有企業の貿易量を超えているという数字もある。

　一方で，日本が中国に協力するだけではなく，日本がアジアで展開するプロジェクトに中国から協力を仰ぐという視点も欠かしてはならない。たとえば，日本はインドの高速鉄道建設を受注したが，現地での労働力確保は難しい。日本が中国に労働力供給の面で協力を頼むという可能性もあろう。

おわりに

「米中経済戦争」の本質は何か

　本書を書き始めた2018年梅雨のころ,「米中経済戦争」はまだ序の口でしかなかった。同年春に米商務省が,イランに米国の製品や技術を輸出していたとして,中国の中興通訊（ZTE）に対し,向こう7年間の販売禁止措置を発表したが,両国の閣僚会議を経て同措置は解除された。また6月半ばには,米国が中国から輸入される自動車や情報技術製品,ロボットなどに対し,段階的に500億ドル相当の追加関税措置を行うと発表したが,これもまだ規模的にはそれほど大きくはなかった。

　ところがその後,米国側がさらに大規模な追加関税措置を発表し,中国も負けてなるものかと対抗措置をとったため,一気に激しさを増していく。本稿を書き終えた直後の2018年12月には,ファーウェイ創業者の娘の孟晩舟副会長がカナダで逮捕されるという事件も発生した。その背後には,次世代の5G（第5世代移動通信システム）の開発をめぐる米中の激烈な主導権争いがあった。

　ここまでくると「米中貿易摩擦」という言葉では収まり切れない。本書でも校正の段階で,より広範囲な「米中経済戦争」という表現に改めた。そして急きょ,第Ⅰ章の「沸騰する深圳──『チャイナ・イノベーション』の最前線を見る」や第Ⅳ章の「今こそ『米中追従』からの脱却を」において,深圳とのからみを中心に「米中経済戦争」についての分析を追加した。しかし「米中経済戦争」を正面から詳細に分析するには,時間もスペースも足りない。そこで簡単ではあるが,この「おわりに」で,「米中経済戦争」をどう考えるか,われわれの基本的スタンスを述べておこうと思う。

3回目の覇権争い,苦戦は免れない

　われわれは「米中経済戦争」の本質を次のように考えている。これまで政

治的にも経済的にもナンバーワンとして世界に君臨してきた米国の力がピークアウトし，それに代わって中国が猛烈な勢いで米国を追いかけ，GDPでも近い将来には米国を追い抜く可能性が出てきた。そこで米国が，台頭する旧ソ連や日本を抑え込んできたと同じやり方で，中国に対しても主導権を渡してなるものかと，抑え込みにかかってきた。これはトランプ米大統領のヒステリックな怒りだけではない。同大統領の激しい対中攻撃に，与党内はもちろん，野党の民主党すらも反対していない。米国の総力をあげての，ナンバーワンの座を死守するための「覇権争い」なのである。

だが米国が旧ソ連や日本をたたいたころは，まだ米国に力がみなぎっていた。しかし2008年9月に米証券会社「リーマン・ブラザーズ」の経営破綻に端を発し，株価が大暴落するという事件が起きた。「サブプライムローン」問題が金融市場をマヒさせ，世界同時不況をも引き起こしてしまった。いわゆる「リーマン・ショック」である。これは米国が世界に向けて展開してきたグローバリズム，「パックス・アメリカーナ」の行き詰まりをも意味していた。

つまり米国は衰退期に入ってきたところで，今回の3回目の「覇権争い」を迎えたのだ。それだけに前2回に比べると，苦戦は免れない。しかも相手とする中国は，かつての旧ソ連や日本よりも手ごわい。

米国内では「関与政策」は失敗だったと主張する学者が増えている。これまでは「関与政策」，つまり中国を国際システムに引き込むことは，米国にとっても利益になるとの考え方が主流だった。大きな変わりようである。

確かに中国の「改革開放」40年を振り返ってみると，1989年の天安門事件と1992年の鄧小平南巡講話が大きなターニングポイントとなっている。

その後は，政治改革を封印し，経済発展に全力を注ぐという「一本足打法」への転換が進んでいった。その結果，現在の「国家資本主義」型モデルが出来上がってきたが，半面で「国進民退」（国有企業の躍進，民営企業の後退）の動きや外資優遇策の後退等の動きも出てきて，改革開放の政策そのものが岐路に立たされている。

本書でも指摘したように，いまの習近平政権のやり方にさまざまな問題点があるのは確かである。個人指導者への権力集中は好ましくないし，国有企業偏重の経済政策にも問題がある。南シナ海問題に見られるような覇権主義的な外交政策にも異議を唱えたい。これらの問題点を覆い隠してはいけない。しっかりと正面から問題点を指摘し，中国に改善を促していかなければならない。

「関与政策」は失敗だったのか？

　だが，だからといって「関与政策」を失敗だったと決めつけ，中国経済を腕力でつぶしにかかるというやり方は許されるのだろうか。

　「関与政策」だけでなく，米国内には中国とは「共有すべき価値観」が違うと言い出す学者や政治家も増えている。ここまでくると，「リーマン・ショック」の発生で信頼感を失った「米国の価値観」「米国流のグローバリズム」を，今後も世界に押し付けていくのか，とあきれてしまう。

　21世紀の特徴は，BRICS（ブラジル，ロシア，インド，中国の4カ国の総称）に代表される多くの新興国が台頭し，世界経済のけん引力の役割を果たし始めていることであろう。これら新興国は欧米日とは違って，国際システムには慣れていない。したがって欧米日が中心となっていた時代と比べ，各国が抱えている民主化や市場経済の遅れに対しては，より「寛容」でなければならないはずである。そして新興国をも包含した21世紀の新しい国際システムを構築していかねばならない。

新興国を含めた新しい国際システム造りを

　われわれは，この新しい国際システムの構築のために，中国を国際システムに引き込んでいくという試みを，今後も放棄してはならないと考えている。中国は少なくもこの40年間，改革・開放政策の旗印を掲げ続けてきた。中国の市場経済は，欧米日とはかなり異なるが，それでも末端までかなり浸透してきている。深圳のイノベーションブームのように，日本以上に市場経済が

機能し，競い合っている部分もある。中国指導部は今後も改革・開放政策を続けると言っているし，習近平国家主席も国際会議の場で，自由貿易とルールに基づく多角的貿易体制を揺るぎなく守るべきだと訴えている。

　天安門事件の翌年，最初に経済制裁を解除したのは日本だったことも忘れてはならない。海部俊樹首相（当時）は解除の理由として「中国を国際社会で孤立させるのは，アジア，世界の平和と発展にマイナスである」と説明している。その後の中国の発展が世界経済に果たした役割は決して小さくない。とりわけリーマン・ショック後の世界経済の落ち込みの中で，中国の60兆円に及ぶ経済活性化対策が，欧米日の対中輸出を拡大させ，経済立ち直りに大きく貢献した。

　中国を必要以上に追い詰めれば，かえって貝の蓋を固く閉じる結果となってしまい，世界のためにもならない。本書で強調したのも，台頭する中国のやり方がどうも気に食わないと言って感情的に反発するのではなく，気に食わない部分は日本のソフト/ハード両面からの「技術力」によってうまく補い，新たな国際システムの構築に向けて，日本が役割を発揮していく，そのためにはどうしたらよいか，という視点である。

　「米中経済戦争」の発生は，日本にとって，存在感を世界にアピールする絶好の機会到来である。新しい国際システムの構築のために，日本の「技術力」が必要とされているのである。

　本書ではそのための「10のアイデア」を試みた。政財界のリーダーの方々，第一線で奮闘するビジネスマンの方々，さらにはこれからの日本を背負う若い皆さんにも，ぜひお読みいただき，ともに議論していこうではないか。

●編著者紹介

藤村幸義（ふじむら　たかよし）
拓殖大学名誉教授

1944年生まれ。(株)日本経済新聞社北京特派員を経て，1987年に北京支局長。1993年に論説委員。2001年から拓殖大学国際学部教授。現在，拓殖大学名誉教授。日本日中関係学会副会長。著書に『老いはじめた中国』（アスキー新書，2008年），『中国バブル経済のからくり』（共著，勁草書房，2012年）など。

雷　海涛（らい　かいとう）
桜美林大学教授

1962年生まれ。中国北京出身。中国・浙江大学電機工程系（学科）卒。東京大学大学院工学系電子工学科博士課程修了，工学博士。1992年4月～2018年3月，(株)東芝勤務。同社中国社副総裁兼研究開発センター所長，本社中国室長を歴任。2018年4月から現職。日本日中関係学会評議員。

日本日中関係学会

21世紀の日中関係を考えるオープンフォーラムで，「誰でも参加できる」「自由に発言できる」「中国の幅広い人々と交流していく」をキャッチフレーズに掲げている。
主な活動としては，①研究会・シンポジウムを随時開催，②毎年，「宮本賞」学生懸賞論文を募集，③学生を中心とした青年交流部会を開催，④ビジネス実務者による中国ビジネス事情研究会の開催，⑤ホームページ「中国NOW 」で，中国の政治・経済などの情報を提供，⑥newsletter（年3回）の発行，などがある。会員は約480名。

● 執筆者紹介

藤村幸義（ふじむら　たかよし）
編著者紹介参照

雷　海涛（らい　かいとう）
編著者紹介参照

平沢健一（ひらさわ　けんいち）
G&Cビジネス代表
1944年生まれ。日本ビクター（株）で米国，欧州，中国現地法人を20年経営。世界56カ国を訪問。中国では本社理事JVC中国（13社統括）董事長，総経理，中国本部長を歴任。産業能率大学，桜美林大学大学院で教鞭。現在，日中5社の顧問，日本日中関係学会/海外職業訓練協会理事。7冊の中国本出版。

江越　眞（えごし　まこと）
監査法人アヴァンティアシニアアドバイザー
1943年生まれ。1968年監査法人トーマツ1期生として入社。1991年代表参与，2008年～2018年西村あさひ法律事務所顧問。2013年から現職。2016年から（株）ケアサービス社外監査役。この間，中国業務（中国の外資導入政策，対中ODA業務サポート等）に40年。日本日中関係学会副会長。

菅野真一郎（かんの　しんいちろう）
東京国際大学客員教授
1943年生まれ。1984年日本興業銀行上海首席駐在員，1991年上海支店長（初代），1995年取締役中国委員会委員長。2002年みずほ銀行顧問。2012年現職。日中投資促進機構設立（1990年3月）に携わり，初代事務局次長，理事・事務局長を歴任。日本日中関係学会評議員。著書は『中国ビジネス必携　中国に赴く侍たちへ』（金融財政事情研究会，2012年）など。

小山雅久（こやま　まさひさ）
三菱商事地域総括部グローバル調査チーム
1956年生まれ。三菱商事で台北，北京，天津，上海，南京に駐在歴20年。上海三菱総経理室長，本店業務部中国室長，中国三菱企画業務部門総監，本店調査部次長。現在同地域総括部グローバル調査チーム（中国特命担当）。日本日中関係学会評議員。

飛躍するチャイナ・イノベーション
──中国ビジネス成功のアイデア10

2019年4月15日　第1版第1刷発行

編著者	藤　村　幸　義
	雷　　海　　涛
発行者	山　本　　　継
発行所	㈱中央経済社
発売元	㈱中央経済グループ パブリッシング

〒101-0051　東京都千代田区神田神保町1-31-2
電　話　03 (3293) 3371 (編集代表)
　　　　03 (3293) 3381 (営業代表)
http://www.chuokeizai.co.jp/
製　版／三英グラフィック・アーツ㈱
印　刷／三英印刷㈱
製　本／㈲井上製本所

Ⓒ 2019
Printed in Japan

＊頁の「欠落」や「順序違い」などがありましたらお取り替えいたしますので発売元までご送付ください。(送料小社負担)

ISBN978-4-502-29641-3　C3034

JCOPY〈出版者著作権管理機構委託出版物〉本書を無断で複写複製(コピー)することは，著作権法上の例外を除き，禁じられています。本書をコピーされる場合は事前に出版者著作権管理機構 (JCOPY) の許諾を受けてください。
JCOPY〈http://www.jcopy.or.jp　eメール：info@jcopy.or.jp　電話：03-3513-6969〉